QUESTIONS

COLONIALES

PAR

J.-PAUL TROUILLET

Directeur-Rédacteur en chef des *Tablettes Coloniales.*

PARIS

LANIER ET SES FILS, IMPRIMEURS-ÉDITEURS

14, RUE SÉGUIER, 14

—

1889

QUESTIONS COLONIALES

QUESTIONS

COLONIALES

PAR

J.-PAUL TROUILLET

Directeur-Rédacteur en chef des *Tablettes Coloniales*.

PARIS

LANIER ET SES FILS, IMPRIMEURS-ÉDITEURS

14, RUE SÉGUIER, 14

1889

A M. Eugène ÉTIENNE

DÉPUTÉ D'ORAN

SOUS-SECRÉTAIRE D'ÉTAT DES COLONIES

Monsieur le Sous-Secrétaire d'État,

Vous avez bien voulu m'autoriser à mettre votre nom en tête de ce petit volume, où vous retrouverez le reflet de beaucoup d'idées qui sont vôtres et que vous avez réussi, depuis que vous êtes placé à la tête de l'Administration des Colonies, à faire passer du domaine théorique dans le domaine de la pratique.

Veuillez agréer, Monsieur le Sous-Secrétaire d'État, l'hommage de mon respectueux dévouement.

J.-Paul Trouillet.

PRÉFACE

Nous n'avons pas la prétention d'offrir à nos lecteurs un cours didactique de politique coloniale. Ce petit volume est fait de la réunion d'articles qui ont paru en 1888 et en 1889 dans le journal les Tablettes Coloniales.

Il nous a semblé que la publication de ces notes ne serait dépourvue ni d'intérêt, ni d'utilité pour ceux qui estiment, comme nous en avons la profonde conviction, que la France doit avoir une politique coloniale, non pas une politique de sentiment, procédant par à-coups, par emballement, sans tenir compte ni des difficultés à vaincre, ni des dépenses à engager, ni de la réserve que commande la situation de l'Europe, mais une politique prudente également exempte de faiblesse et d'entraînements, préoc-

cupée de marcher toujours en avant, mais de ne marcher en avant un jour qu'avec la certitude de ne pas avoir à reculer le lendemain.

Cette méthode n'est malheureusement pas celle qui a prévalu jusqu'à ces derniers temps dans la direction de nos affaires coloniales. Depuis la fin du siècle dernier, si la France n'a pas cessé d'avoir des colonies, si elle en a acquis de nouvelles, elle n'a pas eu, à proprement parler, de politique coloniale. Sous le premier et le second Empire, sous la Restauration et la monarchie de Juillet, les préoccupations du gouvernement et de l'opinion publique étaient ailleurs.

Quand, en 1830, le général de Bourmont prenait Alger de vive force, le seul objectif de l'expédition qu'il dirigeait était de châtier dans leurs repaires les pirates qui infestaient la Méditerranée. Personne alors ne songeait à créer dans le nord de l'Afrique un établissement définitif. De 1830 à 1840, l'évacuation de l'Algérie fut chaque année demandée à la Chambre, et si cette solution fut écartée, c'est uniquement pour des considérations d'amour-propre national et parce que le pavillon était engagé dans une affaire que chacun, à commencer par le général Bugeaud, s'accordait au fond à trouver malencontreuse.

Si le second Empire donna la Cochinchine à

la France, ce fut également sans plan prémé-
dité et sans avoir mesuré à l'avance les conséquences et les avantages de notre établissement
dans la péninsule indo-chinoise.

Si sous le gouvernement impérial nos établissements de la côte occidentale d'Afrique se sont
développés et accrus, c'est à l'initiative personnelle d'un organisateur de génie que ce résultat a été uniquement dû.

Son œuvre passa presque inaperçue tant que
dura l'Empire et il fallut la guerre de 1870 pour
mettre en lumière le nom glorieux de Faidherbe.

Le général eut tout au moins la satisfaction
d'assister sous la troisième République à un
réveil de l'opinion publique en faveur des entreprises coloniales. Les belles explorations du
centre de l'Afrique ont tout d'abord appelé l'attention sur les questions géographiques précédemment si délaissées en France. Les voyages
de Brazza ont rendu l'ouest africain populaire.
Puis sont venus presque en même temps l'établissement de notre protectorat en Tunisie, les affaires de Madagascar et surtout celles du Tonkin,
dont la politique s'est emparée au point de valoir
la plus injuste des impopularités à l'homme
d'État qui a le plus contribué à relever le prestige extérieur de la France. Sans doute, dans
cette période il y a eu des fautes commises,

fautes dont bien à tort on rend la politique colo-
niale responsable. La vérité est que la plupart
de ces erreurs auraient été évitées s'il y avait eu
dans la direction de nos affaires extérieures une
tradition établie, un programme arrêté de lon-
gue date et méthodiquement poursuivi.

La question du Tonkin est née pour le
public le jour où Francis Garnier est mort
assassiné sur la route d'Hanoï.

En réalité, elle devait se poser, elle était iné-
vitable par le fait seul que la France prenait
possession d'une partie de l'empire d'Annam.
Une politique prudente et avisée eût dû, dès
cette époque, prévoir les difficultés qui se sont
produites et l'inéluctable nécessité où se trou-
vait la France d'étendre sa domination jusqu'à
la frontière de Chine.

L'entreprise du haut Sénégal, où des mil-
lions ont été enfouis en pure perte, est issue
d'un projet grandiose et chimérique : le projet
de relier l'Algérie au Sénégal par une voie
ferrée traversant le Sahara. Le ministre de la
marine qui s'était épris un moment de ce plan
irréalisable, n'eut pas le courage de l'aban-
donner tout entier : il voulut tout au moins
relier le Sénégal au Niger, et c'est ainsi que fut
jeté dans l'intérieur de l'Afrique ce tronçon de
chemin de fer de Kayes à Bafoulabé, qui n'aboutit

nulle part, qui ne sera jamais terminé, mais qu'il a fallu protéger par une ligne de forts qu'on ravitaille chaque année à grands frais.

Si les véritables traditions de politique colo-niale avaient été suivies à l'origine de cette affaire, il ne se fût trouvé ni une administration pour défendre, ni une majorité pour voter un projet où le but à atteindre était si manifestement hors de proportion avec les sacrifices en hommes et en argent qu'il comportait.

Ces fautes du passé pèseront encore lourdement sur l'avenir de notre politique extra-européenne par le discrédit qu'elles ont jeté sur les entreprises coloniales. Le Tonkin, le haut Sénégal et son chemin de fer, le chemin de fer et le port de la Réunion avaient mauvais renom dans la précédente Chambre; il ne nous sera pas interdit d'espérer que l'Assemblée issue des élections récentes contiendra une majorité favorable à une politique coloniale faite de prévoyance et de prudence. Malgré les fautes commises, la France, en temps que puissance coloniale, tient encore dans le monde une situation avantageuse; il importe qu'elle la conserve et qu'elle la consolide. On sait avec quelle rapidité l'Allemagne s'est en quelques années constitué un empire d'au delà des mers; en Afrique, en Océanie elle a mis sa main puissante sur toutes les terres, sur tous les rochers que ne protégeait ou que protégeait insuffisamment le pavillon d'une autre nation. L'Italie se taille à son tour un domaine sur la côte est de l'Afrique. L'Angleterre redouble d'activité pour étendre ses possessions, pour affirmer sa suprématie : bientôt, sous prétexte de réprimer l'esclavage et de combattre l'alcoolisme sur la terre africaine, des diplomates seront réunis autour d'un tapis vert pour procéder, en réalité, au partage du continent noir. Plus que jamais il importe donc que le gouvernement de la République, que les Chambres, que l'opinion publique suivent avec vigilance et sollicitude les questions coloniales.

La plupart des questions qui sont à l'ordre du jour sont indiquées avec précision dans les notes que nous publions aujourd'hui : certaines d'entre elles ont déjà reçu la solution que nous avions préconisée. Nous citerons dans ce nombre les articles sur la création d'une ligne postale destinée à desservir la côte occidentale d'Afrique, sur le projet de chemin de fer de Langson à Phu-Lang-Thuong, sur l'autonomie des Rivières du Sud.

La prompte satisfaction qui a été donnée sur ces trois points aux desiderata que nous avions exprimés nous permet, sans trop de présomp-

tion, d'espérer que la publication de ce petit volume servira peut-être, dans une certaine mesure, à faire prévaloir les vues qui y sont exposées en matière de politique coloniale.

Paris, octobre 1889.

INDO-CHINE

L'UNION INDO-CHINOISE

ET L'ADMINISTRATION DES COLONIES

L'UNION INDO-CHINOISE

ET L'ADMINISTRATION DES COLONIES

Avant la réalisation de ce qu'on est convenu d'appeler l'Union indo-chinoise, l'on sait que les pays qui constituent l'Indo-Chine française, l'Annam et le Tonkin d'une part, de l'autre la Cochinchine et le Cambodge, étaient séparés à la fois quant à leur administration locale, comme en ce qui concerne la direction gouvernementale. Tandis que le protectorat de l'Annam et du Tonkin était placé sous l'autorité d'un résident général dépendant du ministère des affaires étrangères, la colonie de la Cochinchine et le protectorat du Cambodge étaient restés dans les attributions du ministère de la marine et des colonies.

Les inconvénients de cet état de choses n'ont pas besoin d'être rappelés : ils furent tels dans l'ordre politique, administratif et financier, que le gouvernement dut se préocuper d'y mettre un terme.

Le remède était en apparence près du mal ; il suffisait de porter un examen superficiel sur la question pour constater que la cause première des difficultés provenait de la double direction donnée à l'administration des pays indo-chinois du fait des deux départements ministériels intéressés.

La première mesure qui s'imposait dès lors était de faire cesser cette coexistence de deux ministères attachés à la même œuvre, cette dualité d'attributions portant sur un objet unique, matière et prétexte à conflits incessants.

Mais au profit de quel département devait s'opérer cette mesure? On ne pouvait raisonnablement songer à réunir les divers pays d'Indo-Chine entre les mains du ministre des affaires étrangères. Le gouvernement n'examina même pas une solution de cette nature qui, si mauvaise fût-elle, eût été cependant préférable au maintien de l'état de choses existant.

Restait donc une seule voie ouverte dans laquelle il s'engagea, malgré certaines résistances d'autant plus vives qu'elles n'étaient pas désintéressées : le protectorat de l'Annam et du Tonkin fut donc distrait du ministère des affaires étrangères pour être rattaché à celui de la marine et des colonies.

L'unité de direction des affaires de l'Indo-Chine semblait dès lors assurée; l'Union indo-chinoise était constituée à Paris. Mais il fallait compléter cette œuvre qui n'eût été qu'imparfaite, si elle n'eût pas été poursuivie : c'est pourquoi fut créé le gouvernement général de l'Indo-Chine : Le département chargé de l'administration des affaires de la presqu'île devait, en effet, être représenté sur les lieux par une seule autorité donnant l'impulsion aux diverses parties de l'Union; à l'unité de direction à Paris devait correspondre l'unité de commandement en Indo-Chine.

Telles sont à grands traits les origines de l'Union indo-chinoise et les principes sur lesquels elle a été constituée.

Pourquoi faut-il que, presqu'au lendemain
de sa formation, elle rencontre, dans son
fonctionnement régulier et normal, des difficultés et des obstacles qui sont de nature à
en compromettre le succès?

Remarquons, tout d'abord, que la situation nouvelle ne concorde plus avec les
besoins qui l'ont fait naître. On avait voulu,
en créant l'Union indo-chinoise, supprimer
la double action du ministère des affaires
étrangères et du ministère de la marine. Or,
nous voyons qu'un décret du 20 octobre dernier maintient cette dualité d'attributions
dans les questions importantes : choix des
agents supérieurs, affaires politiques, opérations militaires.

Sans s'exagérer la portée pratique de l'ingérence du ministère des affaires étrangères
dans la direction de l'Indo-Chine, il faut
regretter qu'en violation des principes cons-
titutifs de l'organisation de l'Union, on ait
attribué au ministère des affaires étrangères
des pouvoirs assez étendus pour restreindre
et, le cas échéant, annihiler ceux qui sont

dévolus au ministère de la marine et des colonies.

Mais, dans le même ordre d'idée, il est d'autres difficultés plus sérieuses encore, résultant de la situation respective des deux services de ce dernier département qui sont appelés à coopérer à la même œuvre en Indo-Chine, l'administration de la marine et l'administration des colonies.

Il ne peut être mis en doute que l'Union indo-chinoise n'ait été réalisée au profit du ministère de la marine qu'en tant que ce département se trouve chargé de l'administration des colonies. Si, par hypothèse, cette administration en avait été alors distraite, il est certain que le protectorat de l'Annam et du Tonkin serait allé rejoindre la colonie de la Cochinchine et le protectorat du Cambodge, entre les mains du département ministériel, quel qu'il fût, auquel ils auraient été dévolus. Et cependant l'administration de la marine aurait été chargée, sans aucun doute, de pourvoir aux obligations militaires résultant de la réorganisation de l'Indo-Chine : et le champ de ses attributions à cet égard aurait été nettement délimité d'après les règles adoptées, en pareille matière, par le département de la guerre et celui des affaires étrangères.

Mais telle n'a pas été, en l'état actuel, la manière de procéder de l'administration de la marine vis-à-vis celle des colonies.

Loin de faire la répartition des attributions en partant de cette idée que l'administration des colonies devait être traitée comme si elle n'était pas partie intégrante du département, on a établi un système mixte en vertu duquel cette administration est chargée de toutes les affaires d'ordre civil, tandis que le service marine retient toutes les affaires d'ordre militaire, non seulement pour leur exécution, qui, en effet, doit lui appartenir, mais aussi pour la suite à donner à toutes les questions d'organisation générale ayant, de près ou de loin, un caractère militaire.

Est-il nécessaire d'insister sur les conséquences de cet état de choses qui place l'administration des Colonies sous la dépendance de la marine et qui lui retire, pour la plus importante partie de ses attributions, ses moyens d'action en Indo-Chine et d'informations à Paris? On n'ignore pas, en effet, que de longtemps encore les questions militaires au Tonkin et en Annam se mêleront intimement aux questions politiques, subissant le contre-coup les unes des autres, constituant par leur réunion l'objet primordial des préoccupations du gouvernement.

Songer dès lors à séparer les questions militaires des questions politiques, pour attribuer la connaissance des premières à l'administration de la marine à l'exclusion de l'administration des colonies, c'est mettre cette dernière dans l'impossibilité de remplir les fonctions qui lui sont dévolues, et par suite, compromettre le succès de l'œuvre de la France en extrême Orient.

Comme il fallait le prévoir, le vice d'organisation que nous signalons dans la répartition des rôles entre l'administration de la marine et celle des colonies se retrouve en Indo-Chine même. Le gouverneur général

1.

civil qui devrait y représenter l'autorité du gouvernement tout entier et centraliser tous les pouvoirs, n'y est en réalité que le délégué de l'administration civile des colonies. Son rôle est également restreint aux affaires administratives et politiques : et si, hiérarchiquement, le général commandant en chef les troupes, d'une part ; le contre-amiral, chef de la division navale, d'autre part, sont ses subordonnés, ces derniers n'en représentent pas moins, dans une situation indépendante, l'administration supérieure de la marine à laquelle ils rendent compte directement de tout ce qui intéresse leur service.

Telle est donc la situation actuelle de l'Union indo-chinoise : — créée pour assurer l'unité dans la direction gouvernementale, elle aboutit, en réalité, à la coexistence à Paris de trois autorités distinctes : les affaires étrangères, la marine et les colonies. Quant à l'unité dans l'administration locale, elle est, en fait, réalisée par la présence sur les lieux de trois représentants du gouvernement, indépendants les uns des autres, le gouverneur général, le commandant en chef des troupes de terre et celui des forces navales.

Et cependant que faudrait-il pour rendre à l'Union indo-chinoise la force et la grandeur qu'on a voulu lui donner en la constituant, et qui lui est nécessaire pour produire les bons résultats qu'on est en droit d'attendre?

Il suffirait d'annuler le décret du 20 octobre qui prévoit l'ingérence du ministère des affaires étrangères dans la direction de l'Indo-Chine;

De centraliser à Paris entre les mains de l'administration des colonies toutes les questions relatives à l'Union;

De décider en particulier que l'administration des colonies qui — on l'a vu lors de la discussion du budget — a seule la responsabilité politique et financière de l'entreprise, aura dans le règlement des affaires militaires proprement dites, dévolues à la marine, une situation analogue à celle que, pour les questions de même nature, le ministère des affaires étrangères s'était réservée, lorsque le département de la guerre dirigeait les opérations militaires du Tonkin ;

D'attribuer — est-ce trop exiger vraiment? — au gouverneur général de l'Indo-Chine les mêmes pouvoirs vis-à-vis du général commandant les troupes et de l'amiral commandant les forces navales que ceux reconnus aux résidents généraux du Tonkin, MM. Paul Bert et Bihourd.

Grâce à ces simples réformes, l'Union indo-chinoise serait certaine de réaliser les heureuses espérances qu'elle avait fait concevoir. C'est donc avec confiance que nous demandons au gouvernement de prendre toutes les mesures que comporte la sauvegarde des intérêts français en Indo-Chine.

Février 1888.

DE LA POLITIQUE A SUIVRE EN INDO-CHINE

DE LA POLITIQUE A SUIVRE EN INDO-CHINE

Depuis que l'opinion publique en France se préoccupe de la question du Tonkin, — depuis la mort du commandant Rivière, — trois ministères ont été successivement chargés de la haute direction des affaires politiques et administratives du Tonkin : le ministère de la marine jusqu'au fâcheux incident de Lang-Son, — le ministère de la guerre jusqu'à la nomination de Paul Bert, — le ministère des affaires étrangères depuis le commencement de 1886 jusqu'au mois d'octobre 1887, époque à laquelle l'Annam et le Tonkin ont été placés de nouveau sous l'autorité du département de la marine et des colonies. Pendant cette période de moins de cinq années, on a vu se succéder comme commandant du corps d'occupation, comme commissaire du gouvernement ou comme

résidents généraux : après le commandant
Rivière, le général Bouët, nominalement
placé sous l'autorité supérieure d'un commissaire général civil, M. Harmand; après
M. Harmand, l'amiral Courbet; après l'a-
miral Courbet, le général Millot; puis le
général Brière de l'Isle, commandant en
chef au Tonkin, pendant que M. Lemaire,
ministre plénipotentiaire, remplissait à Hué
les fonctions de résident général prévues par
le traité du 17 juin 1884; après le général
Brière de l'Isle et M. Lemaire, le général de
Courcy, qui centralisa tous les pouvoirs civils
et militaires; puis le trop court intérim du
général Warnet; la mission Paul Bert, à
laquelle la mort de son illustre chef mit un
terme prématuré; après Paul Bert, l'intérim
de M. Paulin Vial; puis M. Bihourd; puis
un intérim prolongé de M. Berger; puis
M. Constans; enfin, M. Richaud... En
moins de cinq ans c'est bien une douzaine de
chefs que les Annamites ont vus se succéder,
et nous ne parlons ni des changements de
chefs de service, ni de l'incessant va-et-vient

des résidents ou vice-résidents. Ce n'est pas dans un esprit de critique que nous rappelons ces errements du passé, nous ne voulons pas récriminer contre les fautes commises : mais il nous semble qu'une double moralité se dégage de l'expérience de ces dernières années.

La première, c'est que de tous les peuples du monde, le peuple annamite doit être le plus malléable, le plus facile à diriger, pour avoir résisté à toutes les expériences qu'on a pratiquées sur lui. Il ne manque pas d'esprits chagrins pour crier bien haut que jamais nous ne serons maîtres du Tonkin, que la piraterie est un mal endémique et sans remède, que nous sommes condamnés à immobiliser dans cette région des milliers d'hommes, dont l'entretien annuel se chiffrera par des millions de francs : il nous semble que c'est la conclusion contraire qui se dégage de l'expérience du passé. Malgré tous les tâtonnements de l'administration française, changements de systèmes, changements de personnes, malgré les corvées

exagérées imposées aux coolies, malgré les
vexations qu'entraîne forcément une occupation militaire prolongée, il est indéniable
que la pacification du Delta est actuellement
un fait accompli, que le rendement des
impôts s'améliore et qu'il n'est pas téméraire
de prévoir que le crédit inscrit au budget de
l'État sous le titre de *part provisoirement*
mise à la charge de la métropole dans les
dépenses du Tonkin, fera mentir le proverbe
qui dit que le provisoire est ce qui dure le
plus longtemps. De 30 millions, par une
meilleure répartition des ressources de la
Cochinchine, la subvention a déjà été ra-
menée à moins de 20 millions; nous avons
la conviction que d'ici à quatre ou cinq ans
il sera possible de la supprimer entièrement.
Mais cela à une condition, et c'est la seconde
moralité qui se dégage des leçons du passé :
c'est qu'on s'en tienne une fois pour toutes à
l'organisation actuelle de l'Indo-Chine, et
qu'on s'en rapporte pour la politique à
suivre au Tonkin, sans faire de nouveaux
essais, sans tout remettre en question comme

le voudraient certains spécialistes en législation coloniale, à l'expérience des hommes
qui ont pratiqué ce pays, qui savent manier
les indigènes et qui, sans grandes phrases,
sans théories redondantes, appliquent la
politique de protectorat comme elle doit être
appliquée au Tonkin.

Nous avons sous les yeux le texte d'une
remarquable conférence faite à la Société de
géographie de Rochefort par M. Silvestre,
administrateur principal des affaires indigènes en Cochinchine, ancien directeur des
affaires civiles et politiques à Hanoï. M. Silvestre, dans cet opuscule édité par les soins
de M. Rodanet, a admirablement défini le
rôle qui appartient à l'administration française au Tonkin.

« Deux systèmes sont en présence :
« l'annexion ou le protectorat. *A priori*, je
« n'hésite pas à repousser le premier sys-
« tème, pour me rallier au second, et voici
« mes raisons :

« Le protectorat est établi, accepté. Il
« fonctionne mal, c'est possible; mais il a

« l'avantage d'exister, et c'est un avantage
« immense, en politique au moins. *Beati*
« *possidentes!* Si pour régler les conditions
« de ce protectorat, nous savons rester dans
« les idées de justice et dans les formes bien-
« veillantes que la France a toujours tenu
« à honneur d'observer vis-à-vis de tous,
« vis-à-vis du faible encore plus que vis-
« à-vis du fort, bien des obstacles seront
« aplanis, bien des résistances seront désar-
« mées. Il faudra, dès lors, moins de troupes,
« moins de dépenses.

« Assurées de conserver leur organisation
« nationale, leurs lois, leurs usages tradi-
« tionnels, voyant leurs vœux respectés, les
« populations seront moins portées à se sou-
« lever, elles s'affectionneront, ne verront
« en nous que des bienfaiteurs et non des
« conquérants, et vous savez que les con-
« quérants sont toujours détestés.

« Maintenant, quel mode de protectorat
« adopter? Faut-il, comme le demandent les
« uns, tout remettre aux mains des man-
« darins et s'effacer dans le rôle de conseiller

« débonnaire? ou bien faut-il, comme d'au-
« tres le désirent, mettre la main sur les
« administrations financières, judiciaires et
« autres? Je vois là, de part et d'autre, un
« excès très périlleux : il y a un juste milieu
« en cela comme en toute chose, et c'est
« dans ce juste milieu qu'on trouvera, selon
« moi, la solution satisfaisante. A des agents
« français, peu nombreux et choisis avec
« soin, la direction et le contrôle, c'est-à-dire
« l'autorité réelle; aux agents indigènes,
« nommés par la cour d'Annam avec notre
« agrément, l'exécution. Un pareil système,
« judicieusement et fermement appliqué,
« peut amener le succès, sans des frais
« énormes ni des mécomptes sur lesquels je
« n'ai pas besoin d'insister, tout en ne pré-
« sentant pas aux yeux des populations les
« formes d'une annexion déguisée. »

On le voit, M. Silvestre ne demande pas
la réunion d'une grande Commission pour
résoudre les soi-disant problèmes que soulève l'organisation de l'Indo-Chine. Il ne
réclame pas l'intervention législative pour

régler des questions qui ne peuvent être résolues que dans la pratique, par l'emploi judicieux d'administrateurs expérimentés et assurés de poursuivre leur carrière avec sécurité et sans à-coups. Le système de M. Silvestre se résume en deux mots : Employons de bons agents et nous aurons un bon protectorat. Les agents existent; le tout est de s'en servir, de mettre *the right man in the right place,* et une fois que ces hommes seront à leur place, de se résigner à les y laisser.

Mai 1888.

LE TRAITÉ DU 6 JUIN 1884

ET LA POLITIQUE FRANÇAISE EN ANNAM

LE TRAITÉ DU 6 JUIN 1884

ET LA POLITIQUE FRANÇAISE EN ANNAM

Le traité du 6 juin 1884, qui règle les relations entre la France et l'empire d'Annam, a établi une distinction bien marquée entre l'Annam proprement dit et le Tonkin en ce qui concerne le fonctionnement de notre protectorat.

Les fonctionnaires annamites continueront, dit l'article 3 du traité, à « administrer les provinces comprises depuis la frontière de la Cochinchine jusqu'à la frontière de la province de Ninh-Binh, sauf en ce qui concerne les douanes, les travaux publics et en général les services qui exigent une direction unique ou l'emploi d'ingénieurs ou d'agents européens ».

Le résident général, résidant à Hué, présidera aux relations extérieures de l'Annam « sans s'immiscer dans l'administration locale

2

des provinces comprises dans les limites ci-dessus ».

Le gouvernement français n'entretiendra des agents que dans les ports ouverts au commerce de toutes les nations, mais ces agents n'interviendront pas dans la perception des impôts qui sera faite par les quan-bô, « sous le contrôle des fonctionnaires français et pour le compte de la cour de Hué » (art. 11).

Au Tonkin, le traité prévoit l'installation des résidents dans les chefs-lieux où leur présence sera jugée utile; ils devront, il est vrai, éviter de s'occuper des détails de l'administration intérieure des provinces, mais au point de vue de la perception des impôts leur rôle n'est plus comme en Annam purement contemplatif : « Les résidents, dit l'article 11, centraliseront avec le concours des quan-bô le service de l'impôt ancien dont ils surveilleront la perception et l'emploi. » Quant au produit de l'impôt il est affecté aux diverses branches de l'administration et aux services publics, le reliquat devant seul être versé dans les caisses de la cour de Hué.

Quelle a été l'origine, quels ont été les résultats de ces deux formes différentes de protectorat? C'est ce que nous allons indiquer rapidement.

Jusqu'à ces dernières années, l'Annam a été considéré comme un pays insuffisamment peuplé, mal cultivé et très pauvre. La cour de Hué et, en général, les mandarins annamites ont toujours entretenu avec le plus grand soin les erreurs qu'ils jugeaient favorables au maintien de l'intégrité du territoire du royaume. Les auteurs du traité du 6 juin 1884 ont subi l'influence de ces préjugés. Ils étaient remplis de dédain pour ce pays d'Annam, ce long couloir, ce bâton desséché dont les deux bouts supportent les deux paniers à riz, le Tonkin et la Cochinchine.

On est singulièrement revenu de cette impression première depuis que l'insurrection de l'Annam a forcé de pénétrer dans l'intérieur du pays : En réalité, l'Annam dans ses parties basses et ses vallées profondes, ressemble à s'y méprendre aux contrées les plus fertiles du Tonkin; une population très dense s'y livre avec la même ardeur aux mêmes travaux agricoles et y récolte les mêmes produits. L'Annam, pauvre en riz, cela est certain, rachète ce défaut par la variété des cultures bien plus riches et bien plus productives.

Si les négociateurs du traité du 6 juin ont amené la France à se désintéresser de l'Annam proprement dit, à en laisser l'administration et le revenu entre les mains de la cour de Hué, c'est par une fausse conception de la valeur productive de ce pays.

Au point de vue des résultats, cette fausse conception a été désastreuse pour notre influence.

Au Tonkin, partout où les fonctions de résident ont été confiées à des fonctionnaires versés dans la connaissance des affaires annamites, comme le sont généralement ceux qui proviennent du corps des Administrations des affaires indigènes de Cochinchine, sous l'action intelligente des agents français, l'état économique du pays s'améliore. Le régime de l'impôt se transforme, sans froisser les

habitudes des indigènes, et son produit augmente, tandis que le contribuable, écrasé
jadis par des intermédiaires cupides, constate
avec étonnement qu'il est moins lourdement
imposé. Les mandarins provinciaux s'habi-
tuent à respecter l'autorité de nos résidents.
L'argent rentre sans peine dans les caisses
du Trésor français ; les mandarins d'un ordre
inférieur, *Phu* et *Huyen*, préfets et sous-
préfets indigènes, sûrs d'être récompensés
par un avancement rapide, s'ils nous servent
avec dévouement et fidélité, se transforment
bien vite. Indolents et mous par tempérament et par habitude, leur initiative et leur
énergie latente se développent sous notre
influence, et tel parmi eux qui jadis n'osait
supporter le regard d'un chef rebelle captif,
se faisait naguère blesser glorieusement en se
jetant avec quelques soldats français sur un
retranchement défendu par des brigands
chinois.

En Annam proprement dit, grâce au rôle
que le traité de Hué a réservé à nos résidents,
notre action est impuissante et, par suite,

plutôt nuisible qu'utile. Nous avons toutes
les charges du protectorat, sans en avoir les
avantages. La pacification, œuvre de nos
soldats et de nos résidents, est assurée aux
frais du budget de la France et ne profite
qu'aux mandarins, seuls intéressés à la rentrée régulière des impôts. Les résidents, sans
autorité, sans prestige, sont impuissants à
réprimer les abus d'une administration qui
leur échappe : aucune tendance au progrès,
aucune confiance dans l'avenir.

En même temps, les caisses royales sont
vides, et si notre influence, notre prestige et
nos finances souffrent de la situation que
nous venons d'indiquer, ce n'est pas le roi
qui en bénéficie. Le plus clair du produit de
l'impôt passe dans la poche des mandarins
qui, à tous les degrés de la hiérarchie, se
croient autorisés, par les traitements déri-
soires qui leur sont officiellement alloués,
à se payer eux-mêmes aux dépens des populations.

Les *frais de perception* des impôts en général *dépassent 60 0/0 de leur valeur*. Aucune

affaire ne se traite sans l'envoi, au préalable, de cadeaux dont la valeur atteint parfois, lorsqu'il s'agit de la soumission d'un chef rebelle, repentant mais enrichi, 10,000 et même 20,000 francs. C'est le vol organisé ouvertement, connu de tous et que la cour de Hué approuve tacitement.

D'après Mgr Puginier, évêque du Tonkin occidental, le tong-doc de Nam-Dinh réalisait, jadis, chaque année plus d'un million de francs. On estime à plus de 200,000 francs le produit annuel de la province de Thanh-Hoa au profit de son gouverneur.

Il existe une incompatibilité complète entre le système administratif annamite, dont l'unique objectif est la satisfaction des intérêts personnels, et le nôtre qui doit avoir pour base les principes d'un gouvernement honnête, soucieux de justifier l'intervention de nos armes par les bienfaits de notre civilisation. Si un jour, las de paraître sanctionner par sa présence les actes scandaleux de l'administration des mandarins provinciaux, le résident demande et obtient leur révocation, en sera-t-il pour cela plus avancé? D'autres seront nommés qui auront aussi à faire leur fortune par les mêmes moyens et dont l'avidité dépassera peut-être celle de leur prédécesseur. C'est un cercle vicieux, dans toute l'acception du mot.

A un mal si enraciné, il faut un remède énergique. Il est de la dignité de la France de l'appliquer sans hésitation. Ce remède, c'est l'application dans les provinces de l'Annam proprement dit des règles et des procédés administratifs qui ont réussi dans certaines provinces du Tonkin, qui donneront partout les mêmes heureux résultats le jour où l'autorité sera confiée à des administrateurs expérimentés, assurés de la stabilité indispensable pour mener à bien toute œuvre sérieuse et durable.

Mais, dira-t-on, ce serait violer le traité de Hué, nous aliéner la cour et les bonnes dispositions du roi Dong-Khan! Ces objections, si l'on va au fond des choses, sont sans fondement.

Le traité de Hué a été violé — non par

nous, mais par les intrigues des mandarins — le jour où le général de Courcy a été, avec son escorte, assailli par les troupes annamites dans l'intérieur même de la citadelle.

Avec ce guet-apens a péri la fiction d'un empire d'Annam indépendant du Tonkin, de provinces réservées à la cour de Hué, ne rapportant rien à la France, mais ne lui coûtant rien. Des événements imprévus nous ont forcés à prendre possession *manu militari* de toutes les provinces du royaume : Nous y sommes, nous sommes tenus d'y rester. Mais ce serait une duperie de ne pas prélever sur les revenus du pays les sommes nécessaires au payement de cette occupation forcée.

Quant à l'assentiment du roi, rien ne serait plus facile que de l'obtenir en ménageant son amour-propre et en lui assurant une liste civile équivalente ou même supérieure à ses revenus actuels.

Ce changement de politique lèserait les intérêts de quelques hauts fonctionnaires, mais la population tout entière l'accueillerait comme un bienfait. Il est indispensable d'entrer dans cette voie, si l'on veut que l'intervention de la France en Annam, incomprise des indigènes et commentée à nos dépens par les mandarins, cesse d'être une lourde charge pour le budget de la métropole.

Juillet 1888.

LA VÉRITÉ SUR L'INDO-CHINE

LA VÉRITÉ SUR L'INDO-CHINE

M. Laffitte, directeur du *Voltaire*, vient de rentrer en France après avoir visité l'Indo-Chine française et plus particulièrement le Tonkin, et il a tenu dès son retour à donner son impression personnelle sur ce qu'il a vu, sur ce qui se passe là-bas, à dire ce qu'il considère comme la vérité sur la situation actuelle de nos possessions d'extrême Orient.

La série d'articles qu'il a publiés au *Voltaire* dans ce but, méritent d'attirer et de retenir l'attention de ceux qui s'intéressent à l'avenir de l'Indo-Chine et qui, en dehors des dénigrements de parti pris ou des hyperboles de commande que la question du Tonkin ne manque jamais de soulever, désirent connaître l'opinion d'un homme indépendant de l'Administration, bien placé par sa situation personnelle et son expérience de la vie coloniale, pour se rendre un compte exact et raisonné de l'état politique et économique de l'Indo-Chine en général et du Tonkin en particulier.

La présence au Tonkin de nombreux effectifs de troupes offre aux yeux de M. Laffitte un inconvénient sur la gravité duquel il insiste d'une manière particulière : il croit y voir, en effet, l'obstacle le plus sérieux à notre occupation définitive du pays. « Elle est, dit-il, inutile et nuisible à l'œuvre poursuivie : inutile, parce que la pacification est faite, indéniablement faite aussi bien au Tonkin et en Annam qu'au Cambodge; nuisible, parce que les populations indigènes entièrement soumises, se sentent troublées par la présence de nombreux soldats européens qui ne comprennent ni leurs mœurs, ni leur langage, ni leur civilisation. »

Il est amené par suite à expliquer ce qu'exige et ce que comporte de notre part le voisinage de la Chine, la politique à suivre

vis-à-vis de la cour de Pékin, le meilleur
mode de réprimer la piraterie et de rendre
impossible toute insurrection des populations indigènes.

L'opinion de M. Laffitte ne peut manquer
de frapper le gouvernement, qui peut y
trouver le moyen de parer à une des plus
grande difficultés de la situation actuelle,
c'est-à-dire de diminuer les dépenses de
l'Indo-Chine.

En outre des dangers d'ordre politique
qu'il a signalés, l'occupation militaire présente l'autre grave inconvénient de constituer la plus lourde charge pour le budget.
« Avec de tels errements, s'écrie M. Laffitte,
qu'arrive-t-il? C'est que le budget général de
l'Indo-Chine, évalué en recettes à 56,350,000
francs voit 42,947,000 francs absorbés
par l'armée et la marine! Et si l'on ajoute
à ces 43 millions environ les frais imprévus
des colonnes expéditionnaires, on se trouve
en face de cette constatation *que les cinq
sixièmes du budget général de l'Indo-Chine
sont engloutis dans les dépenses militaires.* »

Et l'auteur ajoute : « Si c'est ainsi qu'on entend la colonisation, si c'est pour cela que la France donne ses millions, on ne tardera pas à épuiser définitivement sa bonne volonté. »

Après avoir ensuite étudié la situation économique du Tonkin et avoir indiqué les moyens d'assurer dans un avenir prochain sa prospérité agricole, M. Laffitte passe rapidement en revue l'état actuel de l'Annam, du Cambodge et de la Cochinchine.

En Annam, pense M. Laffitte, notre rôle est tout tracé. Nous devons « assurer la confiance du roi qui a été choisi par nous et par suite celle des populations; aider à l'organisation de l'administration annamite sous notre contrôle et y trouver les éléments d'une pacification définitive et générale ».

Mais, pour arriver à ces résultats, il faut tout d'abord, ajoute-t-il, « débarrasser l'Annam à tout prix de l'occupation militaire. » C'est, là comme au Tonkin, l'obstacle le plus sérieux à vaincre et M. Laffitte insiste chaleureusement pour que le gouvernement le suive dans la voie qu'il indique et qui peut seule garantir l'avenir.

Du Cambodge, il y a peu à dire, si ce n'est pour constater la tranquillité absolue du pays, tranquillité rapidement obtenue par un système analogue à celui que M. Laffitte préconise pour l'Annam et le Tonkin, c'est-à-dire par une sage et progressive évacuation des postes militaires. Le succès de cette politique au Cambodge devrait militer en faveur de celle que nous devons suivre dans les autres pays d'Indo-Chine.

Après avoir rendu hommage à la prospérité de la Cochinchine, prospérité qui, d'après M. Laffitte, est l'œuvre spéciale de l'administration française, du « *fonctionnarisme* », l'auteur est amené à parler de ce qu'on est convenu d'appeler l'Union indochinoise. Il approuve la réunion en un seul faisceau de toutes les forces diverses et souvent opposées qui se trouvaient en Indo-Chine, mais il regrette que dans l'application on ait négligé d'armer le représentant du gouvernement là-bas, le gouverneur général, des pouvoirs nécessaires pour être sur place le chef unique et responsable de l'Indo-Chine ; qu'on ait constitué à côté de lui, comme pour le tenir en échec, deux commandants militaires indépendants de son action, un général de division et un contre-amiral. M. Laffitte a pu voir sur place les inconvénients ; d'autres constateront plus tard les dangers réels de cet état de choses que nous avons été, pour notre part, les premiers à signaler.

Les conclusions de M. Laffitte résument en quelques mots son important travail dont nous n'avons pu que souligner les parties principales.

« Il faut, dit-il, que la France soit enfin délivrée du trouble moral qui l'agite toutes les fois qu'on l'entretient du Tonkin et de notre politique en extrême Orient. Il faut qu'on lui prouve que ses sacrifices d'argent et d'hommes touchent à leur fin et qu'après de trop dures épreuves nous touchons au port. Mais il est indispensable qu'on soit bien convaincu qu'il ne faut pas laisser là-bas deux autorités en présence. Après la période du régime militaire, il faut entrer résolument et complètement dans la période du régime civil. La conquête est finie, la colonisation doit commencer. Les deux pouvoirs ne peuvent pas subsister l'un à côté de l'autre. Vouloir les concilier, c'est vouloir tout compromettre, c'est vouloir perpétuer le gâchis.

« Faisons honneur à nos soldats du travail accompli par eux, mais rendons-les aujourd'hui à la mère patrie, qui les réclame. Place à l'administration civile, à l'administration coloniale, à l'administration économe et productive, à celle qui doit récupérer notre pays de ses sacrifices. »

Mai 1888.

LE RÉGIME DOUANIER DE L'INDO-CHINE

LE RÉGIME DOUANIER DE L'INDO-CHINE

Une des premières préoccupations qui s'imposeront au nouveau gouverneur général de l'Indo-Chine sera d'éclairer exactement les pouvoirs métropolitains sur les résultats produits dans ce pays par l'application du tarif général des douanes et sur les modifications que comporte le régime en vigueur depuis le mois de juin 1887. On se rappelle que lors du vote de la loi de finances plusieurs députés, MM. Thomson et Waddington notamment, avaient proposé l'insertion d'un article additionnel qui rendait applicables en bloc à la Cochinchine, au Cambodge, à l'Annam et au Tonkin les tarifs annexés à la loi du 7 mai 1881. Notons en passant que ces tarifs ne sont pas ceux qui sont perçus en France sur la plupart des produits importés de l'étranger. Toutes les puissances qui sont liées à la France par un traité de commerce ou celles qui, sans traité, jouissent comme l'Angleterre et l'Allemagne, du traitement de la nation la plus favorisée, sont sous le régime du tarif conventionnel, dont les droits sont sensiblement moins élevés que ceux du tarif général. Nous verrons tout à l'heure les inconvénients pratiques de cette inégalité de tarifs. La proposition de MM. Thomson et Waddington fut adoptée par la Chambre à une immense majorité, votée sans discussion au Sénat, avec ce tempérament toutefois qu'un règlement d'administration publique déterminerait les produits qu'il y aurait lieu d'exempter ou de détaxer en Indo-Chine comme n'intéressant pas l'industrie et le commerce français. Le vote du Parlement, télégraphié en Cochinchine par le ministre de la marine, au Tonkin par le ministre des affaires étrangères (c'était avant l'Union indo-chinoise), fut accueilli sans enthousiasme dans ces deux pays. La Cochinchine jouissait, au point de vue douanier, d'une situation privilégiée : les seuls droits perçus tant à l'importation qu'à l'exportation, étaient un droit de consommation sur les alcools et des droits de sortie sur les riz et les bœufs, buffles et porcs vivants. A différentes reprises, en 1884 notamment, il avait été question d'établir dans la colonie des droits protecteurs de l'industrie française. Le conseil colonial, la chambre de commerce et le député avaient déclaré qu'ils accepteraient avec une patriotique résignation cet impôt perçu dans l'intérêt du commerce national, mais qu'ils devaient faire toutes réserves sur les conséquences que ces mesures pourraient entraîner au point de vue de la prospérité de la colonie.

Au Tonkin, il existait un tarif douanier : des droits *ad valorem* variant de 5 à 10 0/0, avec détaxe de moitié pour les marchandises originaires de France et des colonies françaises. Le tarif général constituait pour presque tous les articles une majoration considérable ; il substituait des droits spécifiques, d'une perception compliquée, au tarif à la valeur ; enfin, la détaxe absolue accordée aux marchandises françaises, si elle produisait

les résultats qu'on en attendait, c'est-à-dire
si elle amenait la substitution des importations de produits nationaux aux importations
étrangères, risquait de priver le protectorat
d'une importante partie de ses ressources :
telles étaient les objections formulées par le
résident général, M. Bihourd, et par le directeur des douanes, M. Rocher.

Sous l'empire de ces préoccupations, les
représentants de la Cochinchine et du Tonkin,
appelés à donner leur avis sur les modifications à apporter au tarif général, saisirent
leur département respectif de propositions
absolument divergentes.

A Saïgon, on demandait le plus grand
nombre d'exceptions possible; à Hanoï, le
tarif proposé conservait un caractère fiscal,
c'est-à-dire que le résident général insistait
vivement pour que tous les produits, de provenance non européenne, que frappait le
tarif en vigueur au Tonkin, fussent compris
dans la tarification nouvelle. Armée de ces
documents incomplets, puisque la plupart
avaient été transmis par télégrammes, et

contradictoires, la commission chargée de préparer le travail qui devait être soumis au conseil d'État, se réunit sous la présidence de M. Marie, directeur du commerce extérieur au ministère du commerce. Le directeur général des douanes, le directeur des affaires commerciales et consulaires au ministère des affaires étrangères, le sous-directeur adjoint des protectorats au même ministère et un chef de division des colonies, complétaient la commission.

Le tarif qu'elle prépara fut un compromis entre les desiderata de la Cochinchine et ceux du Tonkin. Comme tous les compromis, il ne donna satisfaction à aucun des intérêts en cause. Aussi le décret du 8 septembre 1887, qui consacra ces dispositions, amendées sur plusieurs points par le conseil d'État, fut-il dès sa publication l'objet des plus vives critiques. Il fut attaqué en France parce qu'il ne constituait pas une protection suffisante de l'industrie nationale. Il fut attaqué, et il l'est encore, en Indo-Chine, comme ruineux pour le commerce local et onéreux pour les contribuables.

La première de ces critiques, celle que les chambres de commerce de France ont été presque unanimes à formuler, porte sur le point suivant : Comme nous le disions tout à l'heure, il y a une différence considérable entre les droits du tarif général rendu applicable en Indo-Chine et les droits du tarif conventionnel perçus en France. Les importateurs de marchandises étrangères, ceux d'Angleterre et d'Allemagne, par exemple, ont donc intérêt à payer en France les droits de ce dernier tarif et à réexporter ensuite leurs produits comme marchandises françaises. Il est de principe, en effet, que le payement des droits de douane *nationalise* la marchandise : Mais c'est ce principe, consacré par le décret du 8 septembre, qui soulève les plus vives protestations des représentants du commerce national. Ils font remarquer, et leur argumentation est spécieuse, que la loi votée par le Parlement a voulu leur accorder la protection qui résulte de l'application du tarif général; que par la nationalisation, les marchandises étrangères n'acquittent en réalité que les droits moins élevés du tarif conventionnel; que l'intention du législateur est ainsi méconnue et qu'il est indispensable, pour s'y conformer, de n'accorder la franchise en Indo-Chine qu'aux marchandises munies de certificats attestant leur origine française. La direction générale des douanes oppose à cette prétention une seule objection, mais qui est topique. C'est qu'il est impossible de faire accompagner la marchandise d'un certificat d'origine qui la suive dans toutes ses transformations, dans tous les changements de destination que comportent les exigences du commerce. Si un fabricant de tissus faisait lui-même directement ses importations en Indo-Chine, rien ne serait plus simple que de faire constater, à la sortie de son établissement, l'origine de chacun de ses envois. Mais en pratique, ce n'est pas ainsi que se traitent les affaires. L'industriel livre toute sa fabrication à un ou plusieurs commissionnaires qui se chargent de la vente.

Il ignore si ses toiles seront vendues en France ou expédiées à l'étranger. Exigera-t-on que toutes les pièces sorties de ses ateliers soient estampillées sur le métier par un préposé des douanes et accompagnées de certificats délivrés par le maire de la commune? En supposant que ces précautions fussent prises, elles deviendraient encore insuffisantes, car les pièces sont transformées en coupons par les détaillants : Comment aller retrouver l'origine d'une étoffe qui a passé, avant d'être exportée, par trois ou quatre intermédiaires? Ce qui est vrai pour les tissus, l'est encore *a fortiori* pour les liquides. Le certificat d'origine devient alors une impossibilité absolue, à moins d'interdire toute manipulation, tout transvasement des vins ou alcools destinés à l'Indo-Chine. La réclamation des chambres de commerce se heurte donc à des objections pratiques, devant lesquelles il faut absolument s'incliner.

Les plaintes du commerce de Saïgon paraissent beaucoup plus fondées et c'est sur ce point que devra se porter tout d'abord l'attention du gouverneur général de l'Indo-Chine. Comme le dit très justement, dans son rapport annuel, M. Fontaine, directeur des douanes et régies à Saïgon, « on peut, sinon supprimer, du moins réduire sensiblement les taxes purement fiscales prévues au tarif, qui frappent de droits variant de 10 à 20 0/0 un grand nombre de produits que la France et ses colonies ne pourront jamais produire et qui sont indispensables aux populations indigènes de l'Indo-Chine. » C'est un travail, pour ainsi parler, d'*émondage* qu'aura à entreprendre l'administration : mais il faut qu'il soit conduit par une main délicate, en tenant compte de tous les intérêts en cause, en prenant l'avis des représentants autorisés du commerce local. Il n'y a pas de réforme plus urgente et plus utile que celle-là à entreprendre en Indo-Chine.

Septembre 1888.

DOUANES ET RÉGIES DE COCHINCHINE

DOUANES ET RÉGIES DE COCHINCHINE

En présentant au conseil de surveillance le compte de gestion, pour l'exercice 1887, des divers produits et monopoles administrés en régie par le service des contributions indirectes et des douanes en Cochinchine, le directeur des douanes et régies de l'Indo-Chine fait un exposé très intéressant de la situation économique de notre grande possession asiatique.

Les modifications importantes opérées dans toutes les branches de l'administration locale expliquent le retard apporté dans la présentation de ce compte rendu.

L'année 1887 a du reste présenté pour l'administration des contributions indirectes certaines particularités exceptionnelles qui en font un exercice financier tout à fait à part et difficilement comparable aux précédents.

L'établissement du budget en francs est
d'abord venu modifier profondément l'assiette
et le mode de perception des divers impôts
indirects. Certaines taxes avaient été majo-
rées de 10 à 12 0/0 par la conversion au taux
de 4 fr. 50. D'autre part, les fluctuations men-
suelles du cours de la piastre ont été une
source de trouble et d'incertitude, aussi bien
pour les agents de perception que pour les
contribuables.

Au milieu de l'année, la mise en vigueur
du nouveau régime douanier imposé à l'Indo-
Chine est venue, comme du reste l'aurait
fait toute taxe nouvelle, troubler le fonctionnement régulier des impôts déjà existant.

Diverses circonstances locales ont également influé dans une certaine mesure sur le
rendement des revenus indirects : l'établissement des bourses de commerce, la baisse
constante des cours du riz, enfin la crise
commerciale qui s'est produite à la suite des
réformes administratives opérées par les décrets de septembre et d'octobre.

L'organisation même du service des contributions indirectes a subi de nombreux et importants changements : d'abord en raison des nouveaux droits de douane dont la perception lui fut confiée; plus tard par les modifications dans la situation de son personnel, édictées par le décret du 7 septembre; enfin par l'unification de l'administration des douanes et régies pour toute l'Indo-Chine.

Le total des recettes s'est élevé à 18 millions 138,802 fr. 16. Si l'on déduit de ce chiffre le montant des droits de douane pour lesquels aucune prévision n'avait été inscrite au budget, soit 1,325,006 fr. 15, il reste, pour l'ensemble des autres recettes, 16 millions 813,796 fr. 01, en déficit de 1,036,253 fr. 99 sur les prévisions budgétaires.

Pour rendre possible la comparaison avec les années précédentes, on a converti le chiffre des recettes en piastres à 4 fr. 025, moyenne du cours officiel en 1887.

Le tableau comparatif suivant montre la progression annuelle des recettes opérées pour l'ensemble des revenus dont la percep-

4

tion a été confiée au service des contributions indirectes :

Années.		Recettes totales.
1882	$	2.716.119 05
1883		3.450.817 33
1884		3.722.240 21
1885		3.594.417 59
1886		3.721.011 19
1887. Recettes ordinaires : $ 4.177.340 62 Douanes : 329.194 08		4.506.534 70

Le produit total des recettes de l'opium
est resté inférieur aux prévisions budgétaires
d'environ 159,000 piastres.

Les causes de cet arrêt dans la marche
progressive de la régie d'opium n'ont rien
de particulièrement spécial à cette branche
de revenus. La colonie qui, en 1885 et 1886,
était parvenue au plus haut point de prospérité qu'elle eût jamais atteint, a été moins
prospère en 1887. Les bas prix auxquels les
riz et paddys ont été vendus pour l'exportation n'ont pas été aussi rémunérateurs qu'en
1886 pour le producteur ; les bourses de com-

merce ont retiré beaucoup d'argent de la circulation ; l'établissement du nouveau régime douanier est venu frapper les contribuables d'un nouvel impôt relativement lourd ; enfin les mesures administratives décrétées dans les derniers mois de l'année ont contribué à ralentir le mouvement des échanges et la circulation de l'argent. La diminution de la consommation d'un produit de luxe, tel que l'opium, n'a donc rien d'étonnant en présence d'une telle situation économique.

Les recettes effectuées sur l'importation des alcools se sont élevées au chiffre net de................... F.   219.906 37 celles sur le riz ont atteint le chiffre de................ 5.741.641 44

Le rapport donne le détail des diverses autres recettes telles que droits de sortie sur les animaux exportés, droits sur les armes, poudres, etc., droits d'entrepôts sur les huiles minérales, recettes accessoires, etc.

Le directeur des douanes termine son rapport en donnant quelques renseignements sur les résultats acquis en 1888 et ses appréciations sont des plus rassurantes sur l'avenir commercial et économique de notre colonie indo-chinoise.

Janvier 1889.

LE TONKIN ET LE COMMERCE AVEC LA CHINE

LE TONKIN ET LE COMMERCE AVEC LA CHINE

———

C'est vers la seconde moitié de ce siècle
que les nations européennes se sont sérieusement préoccupées d'entrer en relations
commerciales suivies avec l'empire chinois,
jusqu'alors presque entièrement fermé à
leurs entreprises. En 1842, cinq ports sont
ouverts au commerce; plus tard, en 1858,
six nouveaux ports viennent s'ajouter aux
premiers, et dès lors l'Europe pouvait se
considérer comme en mesure de faire pénétrer librement ses produits dans ces vastes
territoires qui étaient restés jusque-là en dehors de son rayon d'action.

Seule, l'Angleterre a été encore appelée à
profiter de la nouvelle situation faite au
commerce européen. Sa part dans le mouvement des échanges de la Chine constitue
environ les trois quarts du chiffre total de

ce mouvement qui est de près d'un milliard.
Quant à la France, elle n'a pas été à même
jusqu'à ce jour de retirer de grands avantages de ses conventions de 1844 et de 1858
avec la Chine. Bien que, depuis le dernier
de ces traités, son commerce avec l'empire
du Milieu qui, au début, variait entre 10 et
20 millions, se soit relativement augmenté
dans une large proportion, il faut constater
qu'il n'était encore en 1886 que de 123 millions, soit à peine un dixième du commerce
total de la Chine.

Nous ne voulons pas exposer cette situation pour en rechercher les causes, mais
pour montrer au contraire qu'actuellement
la France possède les moyens d'y porter sérieusement remède, grâce au rôle qu'elle va
pouvoir jouer en extrême Orient par suite
de son établissement définitif en Indo-Chine.

Les Chambres sont en ce moment appelées à ratifier les conventions commerciales
conclues en 1886 et 1887 avec le gouvernement de Pékin, et il importe de signaler les
avantages que notre commerce doit retirer

de ces deux actes, qui ont pour but de régler
les relations commerciales entre la Chine et
le Tonkin. Comme le démontre le remarquable rapport qui vient d'être présenté par
M. Dureau de Vaulcomte sur les conventions
de 1886 et 1887, c'est par le Tonkin que la
France va pouvoir prendre une part prépondérante dans le grand mouvement
d'échanges auquel donnera lieu l'ouverture
au commerce des provinces méridionales de
la Chine. Envisagée à ce seul point de vue,
l'intervention française en Annam et au
Tonkin aura les plus heureuses conséquences, et l'on ne saurait nier ce futur résultat sans méconnaître toutes les conditions
favorables que nous créent incontestablement, d'une part, les derniers traités, et
d'autre part la situation géographique du
Tonkin par rapport aux centres commerciaux de l'intérieur de la Chine.

Cet immense marché est déjà accessible à
la Russie par le nord et le nord-ouest, et surtout à l'Angleterre au sud-ouest par la route
du Thibet et par la Birmanie septentrionale.

Mais la France possède de son côté, par le Tonkin, des voies plus sûres et plus nombreuses encore pour pénétrer dans les provinces méridionales de la Chine, le Kouang-Tong, le Kouang-Si, le Yun-Nan, le Kouetchau et le Szetchouen.

Parmi les routes qui conduisent à celles de ces riches provinces qui sont plus particulièrement réservées à un grand avenir commercial, le Yun-Nan et le Szetchouen, il est admis que la meilleure et la plus rapide est celle qui emprunte le fleuve Rouge et passe par Hanoï, Laokai, Manghao et Moutzé; la durée du trajet serait d'environ trente journées, chiffre bien inférieur à celui des autres voies de pénétration étudiées jusqu'à ce jour, qui partent les unes de Changaï, de Canton, de Pakhoi, les autres de la Birmanie.

Le Tonkin est donc appelé à profiter le premier du grand mouvement d'affaires que va amener l'ouverture au commerce de ces riches contrées tenues jusqu'à ce jour en dehors des entreprises de l'Europe. Les

marchandises de la France et des autres
pays emprunteront la voie du fleuve Rouge
pour y arriver, tandis que les produits chinois se répandront à leur tour par le Tonkin
vers leurs diverses destinations.

Le Tonkin se ressent déjà de cette heureuse situation qui le fait l'intermédiaire
obligé de toutes les transactions commerciales de l'intérieur de la Chine. Son commerce extérieur grandit tous les ans depuis
que la pacification est terminée. Il était en
1885 de 29 millions, en 1886 de 40 millions.

Les résultats connus de l'année 1887 font
prévoir que ce chiffre sera encore dépassé.
On a constaté en même temps que les
échanges par la frontière chinoise, nuls il y
a deux ans, suivent maintenant un mouvement progressif marqué et ont atteint dans
les derniers mois de 1887 un chiffre très sa-
tisfaisant.

Nous devons ajouter que les étrangers ne
seront pas seuls appelés, comme on le prétend généralement, à bénéficier de notre situation au Tonkin. La part du commerce

français dans les importations et les exportations de ces derniers temps s'est considérablement accrue. Tandis que la valeur des produits français importés pendant le premier semestre de 1887 par le port d'Haïphong ne s'était élevée qu'à 191,040 piastres, celle des trois premiers mois de 1888 a atteint le chiffre de 606,445 piastres, ce qui donne, en calculant la piastre à 4 francs, une augmentation de 1,661,620 francs.

Ce résultat montre combien nous avons le droit d'espérer que le commerce et l'industrie de la métropole bénéficieront des nouveaux débouchés que nous ouvrent définitivement, en Chine et au Tonkin, les conventions que le Parlement est en ce moment appelé à sanctionner.

Juin 1888.

LES MINES DU TONKIN

LES MINES DU TONKIN

Dès les premiers jours de notre établissement au Tonkin, les richesses minières furent considérées comme un des principaux éléments de la prospérité future de la colonie. Une mission, confiée à un ingénieur du plus grand mérite, M. Fuchs (1), avait permis, en 1882, de déterminer avec précision la valeur des gisements houillers du littoral et des îles du golfe du Tonkin. En 1884, une commission présidée par M. Lamé-Fleury, conseiller d'Etat, et qui comptait parmi ses membres, outre MM. Fuchs et Aiguillon, ingénieurs des mines, M. de Champeaux, administrateur principal des affaires indigènes en Cochinchine, ancien résident de France à Hué, nommé depuis résident géné-

---

(1) Actuellement ingénieur en chef, professeur à l'Ecole des mines de Paris et ingénieur-conseil du département de la marine et des colonies.

ral au Cambodge, M. Albert Grodet, sous-
directeur des colonies, actuellement gouverneur de la Martinique, etc., etc., fut chargée
de préparer un projet de règlement pour
déterminer le mode de concession et d'exploitation des mines de l'Annam et du Tonkin. Le travail de la commission fut inséré
au *Journal officiel* sous forme de projet de
décret, accompagné d'un remarquable rapport.

Mais il restait une formalité essentielle à
remplir : le traité de Hué qui, à cette époque,
était signé, mais n'avait pas encore été ratifié
par le Parlement, prévoyait qu'une convention spéciale interviendrait entre le roi
d'Annam et le gouvernement français pour
déterminer le régime des mines. Ce n'est
qu'en 1886 que les événements politiques et
militaires permirent de combler cette lacune.
M. Paul Bert, M. Vial, M. Bihourd, M. Berger — plus tard M. Constans — furent successivement appelés à donner leur avis sur
le projet élaboré en 1884. Chaque résident
général proposa quelques modifications de

détail, réclama certaines suppressions ou certaines additions, si bien que ce n'est qu'en .1888 que le décret préparé quatre années auparavant a enfin pu voir le jour.

Le décret inséré au *Journal officiel* du 17 octobre dernier divise les mines du Tonkin en deux catégories : les mines *connues* et les mines *inconnues*.

Pour les premières, dont l'importance peut être appréciée, dont on peut même évaluer approximativement le rendement probable, la propriété sera dévolue par voie d'adjudication, et, par une disposition fort heureuse, les enchères porteront sur le chiffre de la redevance annuelle qui devra être versée au Trésor. On évite ainsi d'imposer à l'adjudicataire l'obligation de débourser, avant d'avoir recueilli aucun produit, un capital considérable, ce qui pouvait paralyser le développement de l'exploitation.

Quant aux mines *inconnues*, le règlement emprunte aux législations américaines le système de l'attribution de la mine à l'inventeur. Il a paru avec raison que c'était le

meilleur moyen de provoquer des recherches
que devra tenter l'initiative privée. L'explorateur obtient sans longues formalités et à
peu de frais, pour un périmètre déterminé,
un permis de recherche qui peut être trans-
formé, dans un délai relativement court, en
une investiture de propriété souterraine avec
obligation de payer au Trésor une modique
redevance annuelle.

Enfin la douane percevra un droit de
sortie de 3 0/0 sur la valeur des combustibles
et minerais de fer exportés, de 5 0/0 pour
tous les autres produits miniers.

On voit clairement combien il serait avantageux pour le Trésor qu'on augmentât le
nombre des mines *connues*, qui ne peuvent
être acquises que par adjudication. Le
décret réserve dès maintenant à l'adjudication les mines de houille des provinces de
Quang-Yen, Haï-Dzuong et Bac-Ninh, et
cette énumération pourra être complétée par
des arrêtés du résident général. Il est probable qu'on y ajoutera les mines d'or et de
plomb argentifère de la province de Cao-

Bang, récemment explorées par M. Massié, pharmacien de la marine, et certains gîtes d'étain que les Annamites exploitaient autrefois dans les environs des lacs Ba-Bé. Il serait très important d'organiser sans retard au Tonkin un service technique compétent, qui donnerait à l'administration des renseignements précis sur les richesses minières du pays, et qui pourrait accroître, dans de larges proportions, le domaine réservé à l'adjudication.

Octobre 1888.

LE CHEMIN DE FER DE PHU-LANG-THUONG
A LANG-SON

LE CHEMIN DE FER DE PHU-LANG-THUONG
A LANG-SON

Tous ceux qui s'intéressent au développement de notre influence civilisatrice en Indo-
Chine ont compris depuis longtemps la nécessité de créer de nombreuses voies de
communication destinées à servir les intérêts
politiques et militaires de la France, en
même temps que ses projets économiques et
industriels.

Le réseau complet des chemins de fer du
Tonkin est dès à présent arrêté en principe,
mais une œuvre de cette importance ne demande pas seulement une étude approfondie ;
elle nécessite encore une dépense considérable.

Il importe d'examiner actuellement quels
sont ceux de ces travaux qui doivent passer
en première ligne. Le chemin de fer de
Phu-Lang-Thuong à Lang-Son semble pré-

senter, à cet égard, un incontestable caractère d'urgence.

Par suite de la difficulté des transports par la route mandarine, des énormes dépenses qui en résultent, et de la lenteur extrême des communications, notre situation à Lang-Son est dans un état d'infériorité regrettable par rapport aux autres points occupé du Tonkin, tous desservis plus ou moins bien par les voies fluviales. La construction d'une ligne reliant Lang-Son au point le plus voisin du réseau fluvial serait donc essentiellement utile et ferait faire un grand pas à l'œuvre de pacification, en assurant définitivement la sécurité des pays traversés. Elle serait en même temps très profitable aux intérêts commerciaux, sans entraîner d'ailleurs, pour le protectorat, des charges financières supérieures à celles que lui occasionne en ce moment le service du ravitaillement dans cette région.

Le projet dressé par le service des travaux publics évalue le prix du kilomètre à 84,000 francs environ, ce qui donne comme dépense totale de la ligne 8,500,000 francs.

La ligne pourrait être concédée, par voie d'adjudication, à une Compagnie qui devrait fournir un capital de construction et assurer l'exploitation pendant quatre-vingt-dix-neuf ans, moyennant la garantie d'un revenu annuel égal à 6 0/0 du capital de premier établissement.

Comme nous venons de le dire, l'ouverture de la voie ferrée de Lang-Son répond à d'impérieux besoins. Indépendamment de l'intérêt stratégique qu'elle présente et des sommes importantes qu'elle permettra d'économiser sur le coût du ravitaillement des postes de Lang-Son et de Cao-Bang, elle deviendra une grande voie commerciale à travers ce pays de production. Elle desservira, en effet, des terrains immensément riches, désertés aujourd'hui, mais sur lesquels les Chinois et les Tonkinois se répandront rapidement lorsqu'ils seront assurés de récolter le fruit de leur travail et d'en trouver l'écoulement.

Les Européens pourront aussi s'installer

dans ces terres très fertiles, y cultiver le
café, le thé, le pavot (opium), le quinquina,
la badiane, le cunao, la soie ; y fabriquer les
liqueurs, les parfums, les produits médi-
cinaux, s'y livrer à l'élevage du bétail, etc.

Il convient de tenir compte également
des exploitations forestières et des richesses
minières, encore imparfaitement connues,
mais qui existent certainement, dans ces
parages, dans d'excellentes conditions. Les
reconnaissances faites par nos ingénieurs et
nos officiers ont permis de retrouver les
traces d'anciennes exploitations de plomb et
d'étain que les Chinois n'ont abandonnées
qu'à cause de la guerre ou du manque de
matériel d'épuisement indispensable.

Le départ de la ligne de Lang-Son serait
pour le moment à Phu-Lang-Thuong, sur
la rive gauche du Long-Chuong point convenablement desservi par ce cours d'eau jusqu'au Thaï-Binh aux Sept-Pagodes, centre
de la navigation fluviale. Toutes les dispositions sont prises pour prolonger facilement
cette ligne jusqu'à Phu-Tu-Son et Hanoï;

partie pour laquelle les études sont déjà faites.

Un point intéressant à signaler, c'est la facilité offerte aux constructeurs en ce qui concerne les terrains à traverser, en vertu des conditions spéciales qui régissent la propriété dans le protectorat.

L'Annamite ne possède pas le terrain ; il en est conditionnellement l'usufruitier. Le seul propriétaire, le roi d'Annam, ne peut aliéner ses droits qu'à titre temporaire ; la concession qu'il fait à ses sujets implique, en même temps qu'une redevenance sous forme d'impôts, l'obligation de cultiver convenablement et de faire produire la propriété. La terre appartient à l'État, les produits seuls appartiennent à celui qui les cultive. Le sol est grevé de servitudes et doit subir les travaux publics d'intérêt général, routes, canaux, chemins de fer, etc., sans donner droit à aucune indemnité d'expropriation. Toutefois, il est d'usage, en pareille circonstance, de procéder par compensation, et il suffira, quand nous prendrons du terrain concédé à un Annamite, de l'indemniser, s'il y a lieu, pour la perte de sa récolte et le travail supplémentaire occasionné par la substitution d'un terrain inculte à celui qu'il avait mis en bon état de production.

En résumé, la ligne de Phu-Lang-Thuong à Lang-Son présente d'immenses avantages, tant au point de vue politique qu'au point de vue commercial et économique, et il est désirable que toutes facilités soient données au gouvernement général de l'Indo-Chine pour mettre à exécution, sans plus tarder, un projet très sérieusement étudié, et dont la réalisation tendrait à développer dans une large mesure notre influence bienfaisante dans le protectorat de l'Annam et du Tonkin.

Décembre 1888.

LA DÉFENSE DES FRONTIÈRES DE L'INDO-CHINE

LA DÉFENSE DES FRONTIÈRES
DE L'INDO-CHINE

Ce qui frappe tout d'abord, quand on examine la répartition actuelle des forces militaires en Annam et au Tonkin, c'est la diffusion excessive des unités sur toute l'étendue du pays, depuis la frontière maritime jusqu'aux confins les plus reculés. Une foule de postes militaires, composés de fractions de compagnies indigènes, tirailleurs ou chasseurs annamites, et de quelques soldats français, sont disséminés, un peu au hasard, aussi bien dans les plaines du Delta, du fleuve Rouge et dans les vallées de l'Annam que dans les pays montagneux qui les séparent de la Chine et du Laos. Ici, réduits au modeste rôle de police intérieure; là, remplissant leur mission véritable, qui est de protéger la colonie contre les incursions ennemies; en aucun point, d'un effectif suffisant pour se tenir en communication constante avec les postes voisins. et, *a fortiori*, pour fournir les éléments d'une expédition de quelque importance.

Cet effectif ne dépasse pas, en général, une demi-compagnie indigène et deux escouades d'infanterie de marine, excepté dans les chefs-lieux de région et de cercle, où se trouvent groupées, sous les ordres de l'officier supérieur commandant, une ou plusieurs unités composées d'éléments indigènes et européens, et parfois une section d'artillerie de campagne. Quelques villes importantes du Tonkin et de l'Annam, Hanoï, Namdinh, Hué, par exemple, et quelques points stratégiques tels que Phu-Lang-Thuong, Lang-Son, renferment des garnisons relativement nombreuses, mais qui pourtant seraient insuffisantes pour l'organisation rapide de colonnes destinées à opérer sur un point de la frontière qui serait sérieusement menacé.

Ce n'est pas là le seul danger que présente l'organisation actuelle. Car cette dispersion des troupes est une cause de relâchement dans la discipline, pour les soldats européens en particulier, qui, logés dans des constructions légères en paillottes et dans des conditions défavorables à la conservation de leur santé, perdent le goût de leur métier, se découragent, s'anémient et vont ensuite encombrer les hôpitaux avec l'espoir d'obtenir leur rapatriement. Ceux-là sont encore les mieux partagés, mais combien succombent, malgré les soins dévoués de l'officier commandant le poste qui, en l'absence de médecin, essaie avec les moyens primitifs dont il dispose de combattre une attaque de choléra ou un accès pernicieux.

D'autre part, le ravitaillement des postes est une cause de dépenses exagérées pour le budget et une charge très lourde pour les populations. Les convois de vivres sont toujours escortés, de là une fatigue énorme imposée aux troupes, principalement pendant l'été.

Le général Bégin, dont les hautes capacités sont connues, ne pouvait rester indifférent en présence d'un état de choses aussi

défectueux et dont la responsabilité incombe
à ses prédécesseurs mal inspirés, et tout
permet d'espérer que, par une entente intelligente avec le résident général, l'armée ren-
trera dans le rôle qui lui est propre, c'est-
à-dire la protection contre l'ennemi extérieur,
et rendra aux autorités civiles la défense intérieure du territoire.

Déjà l'utilité d'un certain nombre de postes
militaires est en discussion. Leur suppression
est imminente.

Avant d'examiner quelle devrait être la
répartition nouvelle des troupes qui vont se
trouver disponibles, il convient de jeter un
coup d'œil rapide sur la configuration physique du protectorat, sur les races qui l'habitent, de fixer, en un mot, les principes de la
défense contre l'étranger et de la pacification
intérieure. Cette digression est nécessaire
pour apprécier sciemment la question.

Le vaste Delta du fleuve Rouge, et en général les vallées du Tonkin et de l'Annam
dans le voisinage de la mer, sont habités par
une population annamite intelligente, indus-

trieuse, relativement instruite et d'une densité extrême. Une administration indigène, analogue à celle qui existe en Chine, fonctionne régulièrement dans ces territoires fertiles et dont la culture soignée est digne d'admiration. On sait que la race annamite a pris naissance au Tonkin, et, par un phénomène d'expansion inhérent à ses instincts conquérants, s'est répandue lentement vers le sud, chassant de la plaine les aborigènes d'une race inférieure, qui cherchèrent un refuge dans les pays montagneux et s'y fixèrent définitivement. Cette expansion se manifestait encore il y a trente ans, à l'époque de la conquête de la Basse-Cochinchine, et l'émigration des Annamites au Cambodge en est encore la conséquence aujourd'hui.

L'Annamite redoute le climat des montagnes. C'est à cette crainte, très enracinée chez eux, que l'on doit attribuer la répugnance des indigènes à pénétrer dans les massifs montagneux qui enserrent les deltas de l'Annam et du Tonkin, pour y entreprendre des cultures plus riches que celle du riz, pourtant peu rémunératrice et qui ne suffit pas toujours à assurer leur existence. L'expérience des dernières années a d'ailleurs prouvé que cette crainte n'était pas chimérique, car les soldats indigènes de la plaine que l'on envoie dans le haut pays, pour y occuper les postes, sont presque tous atteints rapidement par des fièvres tenaces, plus dangereuses pour eux que pour nos soldats français, qui, eux aussi, y échappent rarement. Il semble que ces contrées accidentées et boisées, qui, constituant la majeuré partie du territoire indo-chinois, s'étendent entre le bas pays et les frontières du Laos et de la Chine, sont inhabitables pour les races qui n'y ont pas pris naissance, ou du moins n'ont pas vu leur organisme se modifier par un séjour prolongé. Les tribus sauvages du Mûong, Moï, Tho, Xà, qui les habitent, sont intéressantes par leur nombre et par leur importance.

Soumises nominalement à l'autorité du roi d'Annam, ces tribus ont toujours eu à se plaindre des agissements des fonctionnaires annamites des confins de la plaine, et les procédés malhonnêtes des marchands avec lesquels ils sont en contact pour se procurer les produits nécessaires à leur alimentation, le sel, par exemple, ont aliéné ces populations vigoureuses, hardies, habituées au maniement des armes à feu, et dont les représailles sont à craindre.

Certaines tribus du haut Tonkin, de la rivière Noire et du Sông-Mâ ont eu, depuis quelques années, à subir les dépradations des bandes chinoises chassées des provinces du Quang-Si et du Yunnan. Leurs villages ont été pillés, leurs champs ravagés, souvent aussi les femmes et les enfants ont été enlevés et vendus au-delà de la frontière, tandis que les hommes valides étaient contraints de travailler comme esclaves aux cultures entreprises par les routiers chinois, qui parfois se fixaient sur le sol et y créaient une sorte de colonie militaire.

Dans les montagnes de la chaîne annamitique, d'autres bandes, composées de Chinois et de sauvages Laotiens, viennent

6

faire des incursions à l'époque des récoltes et enlèvent aux tribus Mûong le produit de leur travail. Pendant la dernière guerre, ces coups de main étaient journaliers et ne sont devenus plus rares qu'après l'occupation par nos troupes de quelques postes avancés et l'organisation de partisans armés de fusils à piston, sous les ordres de chefs énergiques habilement choisis.

Les Français ont toujours été considérés comme des libérateurs par ces populations sauvages. Partout où nos colonnes ont opéré en pays de montagne, leurs guerriers, armés des fusils à mèche qu'ils savent fabriquer, venaient se mettre à la disposition de nos officiers pour courir sus aux Chinois. Comme éclaireurs et comme guides, leurs services étaient excellents, et jamais leur loyauté n'a pu être suspectée. Un fait récent, qui a eu quelque retentissement dans la presse et provoqué quelques accès de gaieté, je veux parler de la fondation d'un royaume des Sédangs, sur les confins du Laos et de la province de Binh-Dinh, par un aventurier,

M. de Mayréna, royauté sans doute éphémère, aura du moins prouvé que les tribus Mûongs ou Sédangs du sud de l'Annam sont dans les mêmes sentiments que celles du Tonkin vis-à-vis des Européens; qu'elles sont disposées à secouer le joug annamite ou chinois, et à se donner entièrement aux Français.

Nous avons dit que de nombreux postes sont répartis dans toute l'étendue du haut Tonkin et dans les hautes vallées avoisinant le Laos; nous avons signalé les difficultés de ravitaillement de leurs garnisons de tirailleurs ou chasseurs annamites et de soldats et les pertes considérables causées par les maladies. On éviterait facilement ces causes d'affaiblissement en faisant appel aux tribus sauvages des pays voisins, pour recruter sur place les soldats indigènes qui formeraient la garnison permanente de ces postes, et dont les cadres seuls seraient en partie français ou annamites. Cette création de tirailleurs Mûongs présenterait en outre le grand avantage d'étendre notre influence et de fournir aux officiers français tous les moyens d'information nécessaires pour la sécurité de leur région. Ces soldats indigènes ne seraient jamais déplacés, excepté en temps de guerre ; c'est à cette seule condition que l'on pourrait éviter les désertions, car il est peu de races plus attachées au sol natal. La présence des familles des soldats à proximité des postes serait un gage de leur fidélité.

Le recrutement et le fonctionnement de ces compagnies de tirailleurs Mûongs ne devraient pas être analogues à ceux des tirailleurs annamites, voici comment nous comprenons leur organisation :

Chaque chef de village fournira un nombre de jeunes gens de vingt à vingt-cinq ans, proportionné à la population mâle du village, et pour une année seulement. Ces jeunes soldats seront répartis en sections de cinquante hommes, sous les ordres d'un sous-officier français, de deux sergents et de quatre caporaux choisis d'abord parmi les gradés annamites, et qui seront plus tard remplacés par des gradés Mûongs, de telle sorte que l'élément annamite soit le plus vite possible éliminé.

Chaque poste sera composé de deux sections au moins, et placé sous les ordres d'un officier de tirailleurs tonkinois habitué au pays et, autant que possible, parlant la langue annamite, que beaucoup de Mûongs comprennent facilement.

Le poste se composerait d'un réduit solide servant d'habitation au cadre français et de dépôt pour les armes et les munitions. Les soldats habiteraient dans le voisinage avec leurs familles. On leur fournirait un uniforme spécial, simple et d'une coupe semblable à leur vêtement habituel, et une solde suffisante, qui peut être évaluée aux deux tiers de celle des tirailleurs tonkinois.

Mais là ne devrait pas se borner l'organisation de la défense de ces territoires par leurs propres moyens. La création de corps de partisans la compléterait, sans augmenter les charges du budget, si l'on opérait de la manière suivante :

Tous les hommes valides en âge de porter

6.

les armes seraient, dans chaque village, formés en compagnies franches, sous les ordres de leurs chefs naturels, à qui il serait confié un nombre suffisant de fusils à piston. Ces partisans seraient exercés au tir seulement, dans des réunions périodiques, et les meilleurs tireurs seraient récompensés. Les armes seraient déposées en temps ordinaire chez le chef du village, qui en aurait la responsabilité.

En compensation de ces charges, ces populations seraient dégrevées de tout impôt.

Chaque poste militaire aurait ainsi la surveillance en temps de paix, et la direction en cas de guerre, d'un certain nombre de compagnies franches, connaissant admirablement le pays, très mobiles et qui formeraient sur toutes nos frontières terrestres un réseau de protection impénétrable, derrière lequel nos postes seraient à l'abri de toute surprise des bandes chinoises.

Au Tonkin, cette organisation défensive serait complétée par la création de forts d'arrêt sur les voies de pénétration, qui sont : la vallée du fleuve Rouge, celle de la rivière Noire, la rivière Claire, la rivière de Cao-Bang, la route de Lang-Son et celle du bord de la mer par Moncaï. On y entretiendra des troupes françaises et indigènes en nombre suffisant pour servir d'appui aux postes répartis sur les territoires qui sépareront les forts, et soutenir le choc d'une colonne d'invasion.

Mais la défense active, la seule efficace, dépendra du nombre et de la rapidité de mouvements des troupes massées à l'entrée de la plaine, et qui, sous le nom de troupes mobiles, tiendront garnison en temps ordinaire dans les régions de Son-Tay-Viétri et de Bac-Ninh-Phu-Lang-Thuong, où le climat est sain et les installations faciles à améliorer.

En Annam, les troupes françaises seraient concentrées dans les citadelles des chefs-lieu de provinces.

En résumé, le système que nous préconisons se réduit à l'application des principes suivants :

Chaque territoire doit pourvoir à sa défense intérieure par ses propres moyens, les plaines au moyen des gardes civiles des résidents provinciaux, les pays montagneux par leurs habitants.

Les soldats français et annamites seront toujours réunis dans les forts d'arrêt du Tonkin et les citadelles de l'Annam et dans les centres de garnison des troupes mobiles, c'est-à-dire dans la plaine, et par suite à l'abri des maladies spéciales aux pays élevés et boisés.

Les troupes françaises, ainsi groupées dans des conditions meilleures pour la santé et déchargées de toutes fatigues inutiles, soigneusement réservées pour le combat, rentreront alors dans leur véritable rôle, qui est celui de soutien des troupes indigènes.

Janvier 1889.

LE GOUVERNEMENT GÉNÉRAL DE L'INDO-CHINE

LE GOUVERNEMENT GÉNÉRAL
DE L'INDO-CHINE

———

Le *Journal officiel* vient de publier le rapport adressé au président de la République par le président du conseil, ministre du commerce, de l'industrie et des colonies, suivi d'un décret réglant les attributions du personnel supérieur de l'Indo-Chine.

Nous croyons utile d'insister sur l'importance de cet acte, qui établit d'une manière très précise les considérations sur lesquelles s'est appuyé le gouvernement pour modifier de nouveau l'organisation de notre haute administration indo-chinoise.

Pour saisir la portée du système élaboré par le sous-secrétaire d'État des colonies, il importe de se rappeler les divers essais tentés dans cet ordre d'idées par ses prédécesseurs et les inconvénients qu'a présentés jusqu'à ce jour, pour le gouvernement de l'Indo-Chine, la complication exagérée des rouages administratifs.

Et d'abord, il faut tenir compte des conditions politiques et géographiques dans lesquelles se trouvent placés les divers groupes appartenant à la France ou placés sous son protectorat en Indo-Chine, et, par conséquent, de la situation très différente en face de laquelle se trouve la métropole dans ses rapports administratifs avec chacun de ces groupes.

La constitution de l'Union indo-chinoise a eu pour objet de concentrer entre les mains du gouverneur général tous les pouvoirs politiques et administratifs précédemment dévolus, tant en Cochinchine qu'au Cambodge, en Annam et au Tonkin, aux différents fonctionnaires chargés de représenter le gouvernement de la République. Mais tandis qu'en Cochinchine, par exemple, le gouverneur général administre directement une colonie française proprement dite, en Annam et au Cambodge il est le représentant de la République accrédité à Pnom-Penh et à Hué par la convention du 17 juin 1884 et le traité du 6 juin de la même année. Les fonctionnaires français installés en permanence auprès du roi d'Annam et du roi de Cambodge n'agissent, en réalité, que suivant les ordres du gouverneur général et dans la limite de la délégation qu'il leur confère.

D'autre part, en vertu même du traité de 1884, l'Annam est soumis à un protectorat qui diffère essentiellement du régime adopté pour le Tonkin. Les conventions postérieures et notamment l'ordonnance qui a investi le kinh-luoc (vice-roi) des pouvoirs royaux au Tonkin ont encore accentué cette séparation. Il y a donc tout intérêt, comme le fait ressortir le rapport au président de la République, à consacrer l'indépendance de l'agent politique que nous entretenons à Hué et du fonctionnaire chargé de diriger l'administration du Tonkin. Cette indépendance, qui n'avait pu être réalisée ni lorsque M. Lemaire exerçait, en 1884, les fonctions de résident général à Hué, ni sous l'administration de

7

M. Paul Bert, avait été l'objectif de M. Etienne lors de son premier passage au sous-secrétariat des colonies; elle n'existait pas davantage dans l'organisation administrative qui vient de prendre fin, puisque le résident supérieur à Hanoï relevait du résident général de l'Annam et du Tonkin, « de telle sorte, dit le rapport, que les décisions à prendre, la correspondance destinée à l'autorité métropolitaine, préparées à Hanoï, dirigées ensuite sur Hué pour être soumises au résident général, ne sont acheminées sur Saïgon, où est le siège du gouvernement général, qu'après avoir subi des retards qu'augmente la difficulté des communications entre Hué et Hanoï, et qui sont très préjudiciables à la bonne expédition des affaires. »

Ces difficultés matérielles avaient amené, dans la pratique, à rendre le fonctionnaire chargé de l'administration du Tonkin presque indépendant en fait du résident général accrédité auprès du roi de l'Annam, et l'expérience de ce système avait été favorablement accueillie aussi bien à la cour de Hué que par la population européenne et les fonctionnaires indigènes du Tonkin. Il était, dès lors, préférable de substituer à cette dérogation à la hiérarchie officielle une organisation nouvelle et régulière rendant indépendants l'un de l'autre les fonctionnaires chargés de représenter les intérêts de la France en Annam et au Tonkin, alors que notre situation dans ces deux pays diffère absolument.

En conservant au gouverneur général de l'Indo-Chine sa haute autorité sur ces groupes, de même que sur le Cambodge, où il y a également un résident supérieur, et sur la Cochinchine, administrée directement par le gouverneur général assisté d'un lieutenant-gouverneur, le nouveau décret sauvegarde d'ailleurs l'unité de direction et de vues qu'on se proposait en fondant l'Union indo-chinoise.

Le système nouveau, tel qu'il ressort du décret qui vient d'être promulgué, est simple et logique. Chacun des groupes indo-chinois a aujourd'hui son autonomie absolue, sous l'autorité d'un fonctionnaire qui reçoit directement l'impulsion et exécute les ordres du gouverneur général, le représentant de la France dans ses possessions d'extrême Orient.

Nous ajouterons d'ailleurs, sans entrer dans les questions de personnes, que les fonctionnaires choisis par M. le sous-secrétaire d'Etat pour seconder le nouveau gouverneur général dans sa mission en Indo-Chine semblent offrir les meilleures garanties d'une bonne administration, en raison de leurs antécédents, de leurs éminents services et de leur grande expérience des affaires de l'Indo-Chine.

Mai 1889.

LES ANGLAIS EN BIRMANIE

LES ANGLAIS EN BIRMANIE

Pour quiconque a étudié de près la politique constante suivie par l'Angleterre à
l'égard des autres puissances qui manifes-
tent l'intention d'étendre leur influence
commerciale à l'étranger, ce qui se passe
depuis quelques années en Birmanie n'a rien
qui puisse surprendre. Du jour où le gouvernement français, en dépit des critiques
et des attaques qui ne lui ont pas été ména-
gées, a jeté en Indo-Chine les premiers fon-
dements d'une grande entreprise coloniale
dont les immenses résultats peuvent dépasser, dans un avenir prochain, tout ce qu'il
était permis de prévoir, les Anglais ont concentré leur attention sur la Birmanie dont
ils n'occupaient jusque-là que la partie méridionale et qui ne semblait pas offrir un vaste
champ d'action à leur esprit colonisateur.

C'est en voyant la France établir, il y a quinze ans, son premier protectorat sur l'Annam et le Tonkin et essayer quelques années plus tard d'affirmer ce protectorat et de le rendre effectif en faisant pénétrer son influence dans le royaume de Siam, que l'Angleterre se réveilla et profita d'une circonstance favorable pour s'annexer sans coup férir l'empire d'Ava avec les États Shans, ses tributaires. Le gouvernement britannique s'efforçait en même temps de contrebalancer notre influence en entourant le roi de Siam, en l'excitant à sortir de ses frontières et à profiter de nos luttes avec la Chine pour envahir une partie de l'Annam.

Le procédé n'était pas chevaleresque mais il était bien anglais. Au surplus, la lutte entre les deux nations est maintenant définie, — lutte pacique, s'entend, et placée exclusivement sur le terrain commercial. Les riches contrées de la Chine méridionale vont avoir deux débouchés importants ouverts à leurs produits, la Birmanie anglaise et l'Indo-Chine.

La victoire appartiendra à celui des deux pays qui sera le mieux et le plus rapidement outillé pour donner satisfaction aux besoins du commerce, et comme dans toute guerre il importe avant tout de bien connaître le plan de ses adversaires et les forces dont ils disposent, nous croyons intéressant d'examiner aujourd'hui quelle est, à cet égard, la situation actuelle de l'Angleterre en Birmanie, et quelles sont les mesures qu'elle se dispose à prendre pour l'améliorer à bref délai.

Au point de vue politique, le gouvernement anglais n'a pas encore fini de mettre a la raison les tribus rebelles. Les expéditions entreprises à cet effet dans ces derniers temps ont dû être interrompues par l'arrivée de la saison des pluies et sont ajournées à l'hiver prochain. Cet insuccès a produit une fâcheuse impression et la presse régionale en fait remonter la responsabilité au commissaire en chef de la Birmanie, qui n'a pas su maintenir l'ordre et la tranquillité sur les frontières, n'a pas protégé ses nouveaux sujets et n'a

7.

pas su conserver de bonnes relations avec ses voisins.

Sans entrer dans le détail des faits qui attestent la lenteur des progrès accomplis dans l'œuvre de la pacification de la haute Birmanie, il est certain que les trois expéditions dirigées contre les tribus limitrophes de ce pays, dans la Karennie d'abord, dans le Chindwin et à Mogaung contre les Chins et les Kachyns ensuite, ont été toutes les trois également infructueuses.

Ainsi que le fait remarquer la *Rangoon Gazette*, l'expédition de la Karennie orientale a été un « fiasco complet. » Dès le retrait des troupes de Sawlon, capitale de la Karennie, le tsawboa Sawlapaw a repris le gouvernement de sa principauté et s'est empressé de défaire tous les arrangements que le superintendant des Etats shans avait conclus précipitamment avec son successeur. Sawlapaw a, de plus, fait massacrer un grand nombre de Karens qui s'étaient montrés sympathiques aux autorités anglaises pendant l'occupation de Sawlon. C'est une expédition à recommencer.

La seconde expédition, celle de Chindwin, n'a pas été plus heureuse. Très onéreuse et très meurtrière, elle n'a réussi qu'à brûler quelques villages et à détruire quelques récoltes.

Enfin, une troisième expédition, celle de Mogaung contre les Kachyns, a échoué dans sa mission, qui était d'assurer d'une façon permanente la tranquillité sur la frontière kachyne.

Cette dernière expédition a attiré plus spécialement l'attention en raison du voisinage de la Chine et de la présence de nombreux irréguliers yunanais parmi les rebelles dispersés sur cette frontière. Il pourrait bien y avoir de ce côté la répétition de l'état de choses dont nous avons si longtemps souffert sur nos frontières du Tonkin, et l'Angleterre aurait à son tour ses Pavillons-Noirs.

Si nous signalons cette situation, c'est pour faire ressortir l'attitude correcte de la France, qui ne veut pas se rappeler en cette circonstance les embarras que l'Angleterre lui a créés naguère du côté du royaume de Siam et qui dédaigne la revanche facile qu'elle pourrait prendre à l'heure actuelle.

Malgré cet état politique qui est loin, comme nous venons de le voir, d'inspirer à nos voisins une complète sécurité, ils ne négligent rien pour assurer en Birmanie le développement de leurs institutions économiques et les progrès du mouvement commercial. La question des voies de communication est surtout l'objet de leur sollicitude, et nous croyons utile de signaler les travaux dont l'exécution semble devoir être la plus prochaine, parce qu'il y a là un enseignement dont nous serions coupables de ne pas profiter.

Le gouvernement de l'Inde est disposé à compléter tout d'abord, et aussi rapidement que possible, la ligne de Toungoo-Mandalay à Mogaung, qui se développera sur la rive droite de l'Irrawaddy, entre cette rivière et le Chindwin. Là le pays est fertile, cultivé, riche en pâturages et en plaines, et les premiers 120 milles n'offrent aucune difficulté physique. Plus haut on entre dans une région montagneuse, mais les chaînes ne sont pas très élevées et peuvent être franchies à différents points.

Il est question également de relier sans retard la ville importante de Mymgyan, sur la rive gauche de l'Irrawaddy, avec la grande ligne de Toungoo-Mandalay. Cet embranchement attirerait à lui une grande partie du trafic et ouvrirait les riches vallées situées au nord du lac de Meiktila.

La question de l'établissement d'une voie ferrée de Moulmein à Esmok est aussi l'objet de vives discussions dans la presse régionale. Ce projet ferait revivre le vieux port de Moulmein, par lequel s'écoulerait le commerce de la Chine dans la partie orientale de la baie de Bengale.

Comme on le voit, le gouvernement de l'Inde, malgré les difficultés politiques qu'il lui reste à surmonter en Birmanie, ne perd pas de vue les mesures propres à développer le commerce de cette région et à faire une concurrence sérieuse aux intérêts français dans l'Indo-Chine.

C'est à nous d'aviser à soutenir utilement cette lutte économique d'où dépend l'avenir de notre grande colonie indo-chinoise.

Août 1889.

———✳︎——

LE ROYAUME D'ANNAM

ET LA FRONTIÈRE SIAMOISE

LE ROYAUME D'ANNAM
ET LA FRONTIÈRE SIAMOISE

Nous avons signalé précédemment la ligne
politique suivie par l'Angleterre en Birmanie
et son attitude vis-à-vis du royaume de Siam
dont le gouvernement de l'Inde encourage
ouvertement les empiètements dans les territoires annamites situés sur la rive gauche
du Me-Kong. Notre situation politique et
économique en Indo-Chine se trouve ainsi
menacée, au mépris de tous les droits antérieurs que les provinces frontières de l'Annam peuvent faire valoir pour maintenir leur
indépendance et l'intégrité de leur territoire;
il est donc important de préciser sur quoi
reposent ces droits et dans quelle mesure la
France a le devoir d'intervenir en vue de
résoudre au mieux des intérêts de l'Annam et
de la dignité même de notre protectorat, la

question de délimitation des frontières annamites.

A diverses reprises la cour de Hué a fait
entendre ses plus vives protestations contre
les nombreuses violations de territoire que,
depuis près de trois ans, des détachements
siamois commettent fréquemment, et, en
certains points, d'une manière permanente.
Les membres de l'ambassade qui a été en-
voyée en France à l'occasion de l'Exposition universelle se sont faits, en dernier lieu,
les interprètes des doléances de leurs con-
citoyens et n'ont pu manquer de faire appel
à la protection que leur doit la France et
qu'elle n'a pas le droit de leur marchander.

L'ensemble des documents qui se ratta-
chent à cette question et notamment les
cartes et les ouvrages historiques et géographiques annamites établissent très nettement
que l'influence du royaume d'Annam s'éten-
dait, jusqu'en 1827, sur les deux rives du Me-
Kong, et que depuis cette époque, à la suite
des guerres faites par le Siam aux principautés laotiennes, le fleuve est devenu la

limite des territoires dépendant de Hué, de telle sorte que la frontière occidentale annamite doit être formée actuellement, du nord au sud, par :

1° Le Me-Kong, à sa sortie de Chine, qui sépare le Muong-Lu des Etats laotiens dépendant de la haute Birmanie ;

2° La principauté de Luang-Prabang, qui borne le Muong-Lu au sud et le *phu* de Tran-Ninh à l'ouest ;

3° Enfin le Me-Kong depuis la frontière méridionale du Luang-Prabang jusqu'au Cambodge.

Quant aux territoires et Etats laotiens qui sont situés entre le Siam et l'Annam, ils se divisent en plusieurs catégories. Ceux qui avoisinent la Cochinchine appartiennent au Cambodge au même titre que les anciennes provinces de ce royaume. Ceux qui s'étendent un peu plus au nord payaient ou payent encore tribut, les uns à Bangkok, les autres à Hué ; quel-ques-uns, plus particulièrement du côté de Bassac, Lakhou et Xieng-Cang ont même fait à certaines époques partie

intégrante de l'Annam. Ils doivent donc rester ouverts à notre influence. D'autre part,
la principauté de Luang-Prabang, très importante par sa situation stratégique et commerciale, payait un tribut tous les trois
ans à l'Annam et tous les ans au Siam, mais
la cour de Bangkok affecte de considérer le
Luang-Prabang comme une province du
royaume et les Anglais tendent ouvertement à s'emparer de cette position capitale
sur le Me-Kong.

Pendant les années 1885, 1886 et 1887, à
la suite de reconnaissances soi-disant géographiques, le Siam a envoyé des détachements
assez importants qui, partant de Nong-Kay
et de Luang-Prabang, ont parcouru une partie
de la rive gauche du Me-Kong. Les chefs
siamois n'ayant pas trouvé de résistance
sérieuse dans ces territoires y installèrent
des postes militaires à demeure et prirent
réellement possession du pays au nom
du roi de Siam. En certains endroits les
chefs de postes siamois ont même, de leur
propre autorité, planté des poteaux desti-

nés à indiquer désormais la nouvelle frontière.

De tels procédés provoquèrent des plaintes nombreuses de la part des habitants qui s'adressèrent tout à la fois aux autorités provinciales dont ils avaient toujours dépendu jusqu'à présent, et aux fonctionnaires et officiers français avec lesquels ils ont pu se mettre en rapport. Mais aucune satisfaction effective ne leur a été donnée jusqu'à ce jour.

La prolongation d'un pareil état de choses risquerait, si nous ne faisions rien pour y remédier, de compromettre dans toute cette région les intérêts de notre domination.

Il est certain que le royaume de Siam n'a aucun droit à la propriété de ces territoires et il lui est impossible de s'appuyer sur aucun argument sérieux pour démontrer la légitimité de cette prise de possession, mais son but avéré est de profiter du moment où notre attention se porte tout entière sur l'organisation intérieure de l'Annam et du Tonkin pour mettre la main sur la plus grande zone possible; les Siamois espèrent ainsi qu'au moment où l'Annam, appuyé par nous, revendiquera les territoires occupés injustement, la difficulté des négociations finira par nous lasser et nous faire abandonner tout ou partie de nos droits.

Il importe donc aujourd'hui que la France prenne une décision, car, indépendamment du préjudice causé à l'Annam par les empiétements des Siamois, l'audace de ces derniers serait de nature, si elle n'était pas réprimée, à porter atteinte à notre prestige vis-à-vis des Annamites.

C'est à Bangkok que nous devons faire connaître très nettement les réclamations parfaitement justifiées du gouvernement annamite et notre intention d'aider la cour de Hué à faire valoir ses droits dans toute leur intégrité, conformément aux traités qui nous lient à l'Annam.

Ces droits ne se bornent pas à une simple délimitation de frontières. En réalité, l'Indo-Chine centrale se trouve divisée, au point de vue politique, en trois grandes parties :

1° Le Siam proprement dit;

2° Les États laotiens, autrefois tributaires de l'Annam et que le Siam tient par force sous sa seule dépendance en entretenant des commissaires auprès des princes indigènes;

3° L'Annam proprement dit, qui s'étend du Me-Kong à la mer.

Nous ne pouvons admettre l'idée d'une délimitation de frontière entre le Siam et l'Annam, sans faire par cela même l'abandon de l'influence que nous devrions nous efforcer de prendre dans toute la vallée du Me-Kong, et sans consacrer la spoliation par le Siam des principautés laotiennes.

Il n'y a pas de frontière entre le Siam et l'Annam, il y a le Laos tout entier, dans lequel nous devons nous efforcer d'étendre peu à peu notre action comme nous avons commencé à le faire dans la principauté de Luang-Prabang. Nous devons donc nous refuser à toute invitation qui nous serait faite par le Siam de procéder à une délimitation de frontières et persister à soutenir l'indépendance des principautés laotiennes. Nous devons en outre affirmer les droits incontestables de l'Annam à la possession absolue du Tran-Ninh et des *phus* voisins. Nous devons enfin aider le gouvernement annamite à réorganiser ces territoires, les réorganiser nous-mêmes si besoin est.

Le terrain, d'ailleurs, est déjà préparé, et si notre corps d'occupation se trouvait, dans ces dernières années, dans l'impossibilité de se détourner de sa mission pour mettre un terme à la marche envahissante des Siamois, notre diplomatie s'est occupée de réunir les éléments qui nous permettent aujourd'hui de prendre en main les droits de l'Annam.

La mission à Luang-Prabang de notre vice-consul, M. Pavie, menée avec une intelligence et une énergie dignes des plus grands éloges, a eu notamment pour résultat de faire ouvrir trois lignes entre le Tonkin et la vallée du Me-Kong, de pacifier le bassin de Song-Ma, de soumettre la province de Laï-Chau et de contenir les Siamois au delà du bassin de la rivière Noire.

D'autre part, le capitaine Luce, chargé de faire une enquête aux archives de Hué sur les droits de l'Annam au Laos, dressait la topographie de tout le haut Laos et par l'interprétation des vieilles cartes chinoises et annamites formait un recueil complet des documents qui permettent de déterminer l'étendue des possessions annamites sur sa frontière occidentale. Enfin M. François Deloncle profitait d'une mission spéciale dont il était chargé en Birmanie pour rapporter de Mandalay des itinéraires inédits, et préparait ainsi les éléments d'une carte qui donne pour la première fois d'une manière précise le tableau de nos revendications en Indo-Chine et indique, suivant l'auteur, le minimum des limites que doit atteindre notre empire si nous voulons vraiment n'avoir pas conquis en vain avec tant d'hommes et tant d'argent la Cochinchine, le Cambodge et l'Annam.

Nous donnons ci-contre une réduction, naturellement très incomplète, de cette carte qui doit être, d'ailleurs, publiée prochainement.

La voie est donc ouverte à nos revendications, mais l'œuvre entreprise est loin
d'être achevée. Avant de pouvoir faire reconnaître les droits de l'Annam sur la rive
gauche du Me-Kong, avant d'être en mesure
de faire rétrograder les Siamois sur la rive
droite, bien des efforts seront encore nécessaires, et il faut avant tout que, grâce à
notre appui, l'administration annamite se
remette à fonctionner régulièrement et par-
vienne à occuper de nouveau les points d'où
elle a récemment disparu et qui menacent
de lui échapper.

En résumé, notre action doit s'exercer en
Indo-Chine sur une large zone à peu près
deux fois aussi grande que la surface de la
France. Il nous reste à prendre des mesures
actives pour réaliser la possession effective
de cette zone dans le plus bref délai.

Nous croyons qu'il est possible d'atteindre ce résultat et de pacifier les régions
frontières sans effusion de sang, par la
seule influence d'une administration tout à
la fois bienveillante et énergique.

Nous avons, à cet égard, toute confiance dans la haute direction que saura imprimer à cette œuvre capitale notre honorable sous-secrétaire d'Etat, M. Etienne, entre les mains duquel sont si bien placés les intérêts de notre empire colonial.

Septembre 1889.

BIRMANIE

Thibau
Mandalay
Rangoun
Moulmein

BRI...

Me Nam Fl.

Salween

SIAM

Bang-Kok

Golfe
de
Siam

C. Cambao

États Shans
Semi-Indépendant

Tieng Mai

Oulraradi's

Xieng-Hong

MUONG LU

MUONG Laung

Sen

LAOS

Luang-Prabang

Phu de Tran Ninh
(Xieng Ky)
Phu de Tran Ninh
(Xieng Khu Ay)

Kang-Koang

Ancienne

Ancienne

Paksé

royaume

de

Cambodge

Yasats

Kaukan
Sankea

Angkor
Siem Kea

Mékong

CHINE

Fleuve Rouge

Rivière Noire

Lao Kay

Tuyen Quan

Lang-Son

Dien Bien Phu

Hanoi
Minh Binh
S. Ma

M. Son

Luang-Prabang-ich (Vinh)

Phu de Tran Bien

Thanh Hoa

Vinh

Ha-Tinh

Phu de Tran Dinh
(Hatinh)

Vane Pissay

Phu de Tran Tinh
Hatinto

Phu a Lac Bie

Haulero

Leakhon

Phu de Cam Lo

Gabon

Ba...

Attopeu

Bassac

Bac...

Attang Stieng

Dong Hoi

TONKIN

Hué

Quang Tac

Quang Ngai

Quinh Hon

Phu Yen

Saigon

Poulo Condore

T O N K I N

Golfe

Hainan

du

Thon-Hoa

CARTE POLITIQUE DE
L'INDO-CHINE

Légende

États Shans birmans

États Shans Semi-indépendants

Principauté laotienne de Luang-Prabang

Laos tributaire, partie de l'Annam, partie du
Siam

Territoires appartenant à l'ancien Cambodge

COTE OCCIDENTALE D'AFRIQUE

LE SÉNÉGAL ET LES RIVIÈRES DU SUD

LE SÉNÉGAL ET LES RIVIÉRES DU SUD

Le sous-secrétaire d'Etat des colonies vient d'instituer une commission spéciale dans le but d'étudier l'organisation des Rivières du Sud qui font partie, au point de vue administratif, de notre colonie du Sénégal.

Les Rivières du Sud sont actuellement placées sous l'autorité d'un lieutenant-gouverneur relevant lui-même du gouverneur du Sénégal. Les attributions de ce fonctionnaire n'ont pas, jusqu'à ce jour, été nettement définies.

Cette organisation incomplète est peu propre à favoriser le développement commercial des Rivières du Sud, incontestablement les plus riches de nos possessions de la côte occidentale d'Afrique, et c'est cette considération qui a inspiré à M. Etienne la pensée de soumettre à l'examen d'hommes compétents une question si importante pour nos riches possessions de la côte occidentale d'Afrique.

Nous croyons utile d'insister sur les conditions particulières dans lesquelles se trouve placée la région dont les intérêts vont être discutés par la 'commission récemment constituée.

Plus bas que l'embouchure du Saloum, qui torme la limite sud de la Sénégambie française proprement dite, coulent les rivières descendant du grand massif des montagnes du Fouta-Djallon.

Sauf l'enclave portugaise, tous ces cours d'eau appartiennent à la France : ce sont la Cazamance, le Rio-Cassini, le Rio-Nunez, le Rio-Pongo, la Dubreka et la Mellacorée.

L'autonomie des Rivières du Sud et leur constitution en un gouvernement distinct auraient certainement pour résultat d'accroître très rapidement le chiffre des échanges commerciaux. Aujourd'hui, les droits que paye cette région profitent au Sénégal et non aux Rivières du Sud, où ils seraient

utilement employés en améliorations et en
travaux propres à faciliter le mouvement des
affaires. Pour ne citer qu'un exemple, les
négociants établis sur les bords des rivières
n'ont même pas de services de navigation en
rapport avec l'importance commerciale de
ces contrées.

L'organisation actuelle est assurément dé-
fectueuse et elle a paru telle à tous ceux qui,
connaissant le pays, savent que les Rivières
du Sud sont appelées à un grand développement.

Très éloignées de la colonie proprement
dite, n'entretenant avec elle aucun rapport,
elles en font toutefois partie intégrante au
point de vue administratif et sont placées
sous l'autorité d'un lieutenant-gouverneur
relevant du gouverneur du Sénégal et n'ayant
pas le droit d'initiative qui lui serait nécessaire pour défendre utilement les intérêts
confiés à ses soins.

Une autre considération vient confirmer
la nécessité d'établir dans cette région un
gouvernement autonome ou tout au moins

une direction absolument distincte de la colonie proprement dite.

Les intérêts commerciaux des Rivières du Sud sont, en effet, sensiblement différents de ceux du Sénégal, qui est en quelque sorte tributaire de Bordeaux, tandis que les négociants des rivières ont leurs maisons mères à Marseille.

Les Rivières du Sud ne peuvent donc se croire traitées avec toute l'impartialité désirable alors qu'elles dépendent de Saint-Louis au point de vue de la direction politique et économique, et que leurs intérêts financiers sont confiés au conseil général du Sénégal, composé en majorité de négociants représentant des maisons bordelaises.

Il y a là une inégalité qui frappera assurément les membres de la Commission. Ils considéreront également qu'au point de vue politique, et dans l'intérêt supérieur de l'influence française sur la côte occidentale d'Afrique, il importerait d'avoir sur place un haut fonctionnaire armé d'une autorité suffisante pour n'être pas obligé, comme aujourd'hui, d'en référer au gouverneur du Sénégal à chaque incident que peut faire naître un différend avec les chefs indigènes des contrées voisines.

Actuellement, les moindres difficultés ne reçoivent de solution que plusieurs mois après avoir été signalées au gouvernement; là où une prompte décision amènerait forcément un apaisement et éviterait un conflit, l'attente des instructions envoyées de Saint-Louis aggrave le litige et nécessite parfois l'expédition d'une colonne. La tranquillité est rendue quand même au pays, mais au prix d'une ou deux récoltes perdues.

Nous ne nous appesantirons pas davantage sur l'utilité d'une réforme dont, mieux que personne, le sous-secrétaire d'État des colonies a compris l'urgence, puisqu'il vient de prendre les mesures propres à satisfaire les intérêts en jeu, après une étude sérieuse de la question.

La commission chargée par lui de cette étude sera favorable à l'autonomie des Rivières du Sud si les ressources financières de

la région permettent d'alimenter le budget
de ce nouveau service ; elle avisera certainement, en tout état de cause, à ce que le
budget, quel qu'il soit, profite à ceux qui
sont chargés de l'alimenter au lieu d'aller
grossir au loin le Trésor de la colonie
mère.

Cette autonomie que nous souhaitons aujourd'hui aux Rivières du Sud, nous l'avons
déjà réclamée en faveur du Soudan français.
La situation est en effet la même dans les
deux régions et elles ont besoin l'une et
l'autre, tout au moins pendant une assez
longue période, d'une indépendance et d'une
liberté d'action qui leur permettent de pro-
gresser rapidement et de mettre à profit
leurs richesses.

Quand ces contrées auront réalisé l'espoir
qu'on fonde sur elles à juste titre, quand le
mouvement commercial y aura pris tout son
développement, grâce à la paix intérieure et
à la facilité des transactions, il sera possible
sans doute de créer l'Union des possessions
françaises de l'Afrique occidentale comme

on a créé l'Union indo-chinoise ; les Rivières du Sud, de même que le Soudan français, pourraient alors former avec le Sénégal une vaste possession sous l'autorité d'un seul chef secondé par des lieutenants-gouverneurs ou des résidents.

Mais si cette centralisation peut avoir ses avantages et sa raison d'être là où le fonctionnement administratif n'a qu'à suivre sa marche régulière et prévue, elle est de nature à tout entraver et à tout compromettre dans les colonies naissantes qui ont besoin d'avoir leurs coudées franches et la libre disposition de toutes leurs ressources.

Avril 1889.

L'AUTONOMIE DES RIVIÈRES DU SUD

LA COTE-D'OR ET LE GOLFE DE BENIN

L'AUTONOMIE DES RIVIÈRES DU SUD

LA COTE-D'OR ET LE GOLFE DE BENIN

En analysant, il y a quelque temps, les *desiderata* du commerce français dans les Rivières du Sud, nous annoncions qu'une Commission extra-parlementaire, nommée par le sous-secrétaire d'Etat des colonies, avait mission d'étudier les voies et moyens d'arriver à une réorganisation administrative de ces régions. Faut-il avouer que nous n'osions fonder un grand espoir sur les résultats pratiques de cette tentative, habitués que nous sommes à voir trop souvent les Commissions se perpétuer indéfiniment sans profit pour personne et enterrer, en fin de compte, les questions qu'elles ont mission d'élucider?

Par une heureuse exception, la Commission dont il s'agit, composée de fonction-

naires ayant servi au Sénégal ou connaissant à fond les questions qu'ils avaient à
traiter, a fait une prompte et utile besogne.

Constituée il y a trois mois environ, elle
vient de terminer ses travaux et d'en con-
signer les résultats dans un rapport dont la
rédaction, confiée à l'un de ses membres,
M. J.-L. Deloncle, sous-chef du cabinet de
M. Etienne, a reçu l'approbation unanime
de ses collègues.

A ce rapport est joint un projet très complet d'organisation qui aurait, dit-on, reçu
dès à présent l'approbation du sous-secrétaire d'Etat et qui institue trois unités distinctes, au point de vue financier et administratif, savoir :

Les Rivières du Sud;

Les établissements de la Côte-d'Or;

Les établissements du golfe de Benin.

Sous cette double réserve : 1° que le gouverneur du Sénégal continuera, au point de
vue politique, à être mis au courant des
affaires des Rivières du Sud, et 2° que l'autorité du lieutenant-gouverneur des Rivières

du Sud s'étendra sur les établissements de la Côte-d'Or et du golfe de Benin.

Dans ces conditions, la réorganisation administrative de ces régions peut être considérée comme un fait accompli et la constitution de leur autonomie semble devoir entrer sans délai dans la période d'exécution.

L'importance de ce résultat ne saurait passer inaperçu, et si le mérite en revient tout d'abord au zèle éclairé et à l'esprit d'initiative de M. Etienne et des éminents collaborateurs auxquels il avait confie le soin d'étudier et de résoudre toutes les difficultés d'exécution, il est juste d'en attribuer une bonne part au commerce local dont les avis et l'expérience ont facilité dans une large mesure les travaux de la commission.

Ce n'est pas d'aujourd'hui que les importantes maisons françaises établies dans les Rivières du Sud considèrent l'autonomie de ces régions comme un des éléments indispensables de leur prospérité commerciale.

En analysant les considérations qu'elles ont fait valoir à ce sujet jusque dans ces

9.

derniers temps, nous pourrons constater dans quelle mesure il leur est donné satisfaction.

Sous le nom de Rivières du Sud on comprend actuellement toutes les dépendances du Sénégal à partir du Saloum inclusivement. Les principales sont :

Le Saloum, avec poste à Kaolakh;

La Cazamance, avec poste à Sedhiou;

Le Rio-Nunez, avec poste à Boké;

Le Rio-Pongo, avec poste à Boffa;

Le Dubreka, avec poste à Dubreka et à Conakry;

La Mellacorée, avec poste à Benty.

On a pensé qu'il y avait lieu de distraire du nouveau groupe colonial qu'il s'agit de former les cercles du Saloum et de la Cazamance, par la raison que ces deux cercles sont rattachés intimement au Sénégal non seulement par leur proximité, mais aussi par la nature de leurs affaires et de leurs relations commerciales.

Les établissements de commerce dans le Saloum sont en effet, sans exception, sous la

dépendance des agences principales de
Gorée ou de Rufisque. De même, les factoreries de la Cazamance n'ont aucune relation avec les autres rivières du Sud et dépendent de Gorée ou de Sakar où se trouvent
leurs agences principales.

Carabane, situé à l'embouchure de la Cazamance, est à 130 milles seulement de
Gorée, distance aisément franchie à la voile
en vingt-quatre ou trente-six heures, tandis
que, de Carabane à Conakry, la distance est
de 330 milles. De plus, entre la Cazamance
et les Rivières du Sud se trouvent situés les
établissements portugais de Cacheo et des
Bissagos qui constituent une séparation
bien tranchée.

Prenant en considération les vœux et les
idées qui lui ont été présentés à cet égard,
la commission a décidé, dans son projet
d'organisation, que les territoires formant la
circonscription des Rivières du Sud proprement dites s'étendraient de la limite de la
Guinée portugaise à la colonie de Sierra-
Leone.

Ils seront placés sous l'autorité d'un lieutenant-gouverneur spécialement chargé de
l'administration des Rivières du Sud, correspondant directement avec le sous-secrétaire
d'Etat pour les diverses parties du service
et donnant seulement communication au
gouverneur du Sénégal de toute la partie
de sa correspondance relative à la situation
politique.

Cette combinaison a pour avantage d'assurer très suffisamment le développement
économique des Rivières du Sud, de leur
accorder, comme nous le verrons plus loin,
un budget propre et une autonomie complète
au point de vue administratif et financier,
tout en laissant subsister entre elles et le
Sénégal une sorte de lien politique, dans
l'éventualité possible d'une action commune sur certains points.

La question budgétaire devait être, avant
toute autre, l'objet d'un examen approfondi
de la part de la commission. Il importait de
s'assurer si, comme l'affirmaient les partisans de l'autonomie, le groupe des

Rivières du Sud, de même que ceux de la
Côte-d'Or et du golfe de Benin, disposait
des éléments nécessaires à l'alimentation
d'un budget et était en mesure de supporter
ses propres dépenses sans avoir recours soit
au Sénégal, soit à l'État.

L'enquête a démontré que les Rivières du
Sud pouvaient se suffire à elles-mêmes;
qu'en l'état actuel leurs ressources, telles
qu'elles figurent au budget des recettes du
Sénégal, permettraient de couvrir leurs
propres dépenses, par la seule application
dans la colonie du décret qui frappe indis-
tinctement tous les produits d'un droit de
sortie *ad valorem* de 7 0/0.

D'après l'évaluation du commerce local
on peut atteindre, de ce chef, un revenu de
250,000 francs, mais ce droit de sortie est
considéré, généralement, comme étant de
nature à porter un grave préjudice au commerce, et pour remédier à ces inconvénients
on propose de renoncer à ce mode de perception et de frapper les marchandises intro-
duites dans les Rivières du Sud d'un droit

de douane à l'entrée. Ces rivières ne se trou-
veraient plus ainsi dans une situation moins
favorable que la colonie anglaise où les produits du sol viennent d'être entièrement
dégrevés, et les recettes, tout en étant plus
régulières, seraient au moins aussi importantes. Les taxes proposées étant, d'ailleurs,
à peu près les mêmes, il n'y aurait pas à
craindre que l'importateur cherchât à les
éviter en introduisant ses produits par
Sierra-Leone.

D'autre part, une perception sur les produits importés serait plus équitable. Avec
le système en vigueur c'est le producteur,
c'est-à-dire celui qui travaille à ses risques
et périls, qui alimente seul le budget, tandis
que les populations sédentaires qui habitent
dans le voisinage des factoreries vivent sous
la protection de la France sans payer aucun
impôt. Les droits à l'entrée se répartiraient,
au contraire, plus équitablement, car tous
les indigènes consomment, alors que les producteurs sont en petit nombre.

Pour se rendre compte des avantages que

présente ce système, les commerçants des Rivières du Sud estiment qu'on pourrait, au début et à titre transitoire, par analogie avec ce qui existe dans la colonie anglaise, maintenir certains droits de sortie et n'établir des droits à l'entrée que sur les marchandises d'importation pouvant supporter des taxes modérées.

Quoi qu'il en soit, les ressources budgétaires des Rivières du Sud sont, comme on le voit, largement assurées dès à présent.

En ce qui concerne nos établissements de la Côte-d'Or, les renseignements recueillis ont été également des plus favorables. Il a été reconnu que la perception de droits de douane relativement modérés fournirait d'importantes recettes, qui iraient en grandissant par suite du développement économique.

A Porto-Novo, l'application prochaine du nouveau projet de tarif douanier commun à la France et à l'Allemagne sur la côte des Esclaves assurera des ressources considérables à notre établissement du Benin, sans compter la possibilité de percevoir à Porto-Novo et à Kotonou des taxes relativement élevées sans gêner le commerce.

Cette enquête préjudicielle sur les ressources budgétaires des trois groupes pour lesquels on réclame une autonomie plus ou moins absolue, avait une importance qui ne peut échapper à personne, puisque, si elle eût été défavorable, elle faisait rejeter *de plano* l'ensemble des réformes à étudier.

Elle a eu au contraire pour résultat d'encourager la commission à aborder l'examen de l'organisation politique et administrative dont il y aurait lieu de doter les Rivières du Sud et les établissements français de la Côte-d'Or et du golfe de Benin.

En ce qui concerne les Rivières du Sud, la commission, qui se trouvait en présence de deux solutions, savoir : Autonomie complète, et par conséquent colonie distincte du Sénégal, ou autonomie restreinte aux services administratifs et financiers, a donné la préférence, comme nous l'indiquons plus haut, au second de ces systèmes. Elle a décidé, en conséquence, qu'il serait créé pour les Rivières du Sud un budget local spécial, distinct du budget du Sénégal. Ce budget, préparé par le lieutenant-gouverneur avec le concours d'un Conseil consultatif dont la composition n'est pas encore fixée, serait, après approbation du sous-secrétaire d'État, rendu exécutoire par le lieutenant-gouverneur, ordonnateur de toutes les dépenses.

Au sujet de la composition du Conseil qui doit être adjoint au lieutenant-gouverneur, il est intéressant de connaître les *desiderata* exprimés par les maisons de commerce.

La population française (européenne ou indigène) est trop clairsemée pour que l'on puisse, d'ores et déjà, confier à un corps élu une partie des attributions que possède, par exemple, le Conseil général du Sénégal. Cependant, il paraît indispensable que les opinions des commerçants et résidents français, et aussi des indigènes qui ont accepté nos idées et nos lois, puissent se faire entendre d'une manière officielle auprès des autorités. Non seulement ils ont de grands intérêts à défendre, mais aussi quelques-uns d'entre eux ont acquis, par un long séjour dans la colonie, par l'étude des questions économiques et politiques du pays, une expérience précieuse dont l'administration supérieure ne pourrait que profiter en les appelant à prendre part à certaines de ses délibérations, et notamment à celles qui ont trait à la confection du budget, à la fixation des droits de douane, des impositions, des dépenses à faire dans l'intérêt du commerce et de la navigation, de la protection générale, de l'éducation des indigènes, etc.

On proposerait donc la création d'un conseil d'administration qui, sous la présidence du lieutenant-gouverneur, comprendrait, en outre des chefs des divers services militaire, administratif, financier et judiciaire, quatre négociants français (un de chaque district) et deux négociants ou chefs indigènes.

Le consul de France à Sierra-Leone ou son suppléant ferait également partie du conseil. Sa présence s'explique par l'importance des relations commerciales des Rivières du Sud avec Sierra-Leone et par la nécessité, pour les membres du conseil, d'être renseignés aussi exactement que possible sur les événements qui se produisent dans la colonie anglaise et dont le contre-coup se fait presque toujours sentir dans les Rivières.

Ce projet d'organisation du conseil consultatif nous paraît mériter, tout au moins dans ses grandes lignes, d'être pris en sérieuse considération par l'administration des colonies.

Le commerce local exprime également le vœu que les revenus de la colonie, après le paiement des dépenses obligatoires d'administration, soient consacrés :

Au balisage de toutes les rivières aux abords de Conakry ;

A la création et à l'entretien de routes allant vers l'intérieur et toujours ouvertes aux caravanes ;

A l'établissement de communications régulières par vapeurs entre les diverses rivières et Conakry, Dakar et Sierra-Leone ;

A la fondation d'écoles françaises ;

Et enfin aux travaux d'utilité publique reconnus nécessaires par le conseil et par le sous-secrétaire d'État des colonies.

Il paraît dès à présent convenu que Conakry, destiné à devenir un centre d'affaires important, sera le chef-lieu de la colonie et le siège du gouvernement. Le jour où Conakry sera déclaré port franc, dans les mêmes conditions que Gorée, le commerce trouvera sur ce point des facilités exceptionnelles pour l'entrepôt et le transit des produits et abandonnera Sierra-Leone.

Il n'a pas paru à la commission que nos établissements de la Côte-d'Or et du golfe de Benin puissent être régis dans des conditions absolument analogues à l'organisation proposée pour les Rivières du Sud.

Grand-Bassam et Assinie, de même que Porto-Novo, ne pouvaient être livrés à eux-mêmes, indépendants de toute autorité et en dehors de tout contrôle. Le projet, en ce qui les concerne, laisse donc ces deux groupes sous l'autorité du lieutenant-gouverneur des Rivières du Sud, tout en leur attribuant la plus grande somme d'autonomie compatible avec cette autorité hiérarchique. C'est ainsi que l'administrateur de la Côte-d'Or et celui du golfe de Benin correspondront directement avec le sous-secrétaire d'État, et que chacun de ces établissements aura un budget local spécial distinct de celui des Rivières du Sud.

Telle est, dans son ensemble, l'organisation qui peut être appliquée très prochainement dans les dépendances actuelles de notre colonie du Sénégal et qui nous semble de nature à favoriser, dans une large mesure, le développement de notre commerce national et l'extension de notre influence sur la côte occidentale d'Afrique.

Juillet 1889.

LA SOLUTION DE LA QUESTION DU HAUT-FLEUVE

LE FOUTA-DJALLON

LA SOLUTION
DE LA QUESTION DU HAUT-FLEUVE

LE FOUTA-DJALLON

Par sa situation entre le Niger, le Sénégal et les Rivières du Sud, le Fouta-Djallon présente une importance exceptionnelle, laissée trop longtemps en oubli, au point de vue de l'influence politique et commerciale dont la France poursuit avec raison le développement progressif dans la région du Soudan.

Depuis quelques années notre action au Sénégal semble n'avoir eu d'autre objectif que de relier le Haut-Fleuve au Niger. C'est sur cette œuvre que notre administration coloniale a concentré tous ses efforts dans ces parages, négligeant à tort le Fouta-Djallon, c'est-à-dire le trait d'union naturel entre nos possessions du Niger et les Rivières du Sud qui sont, au point de vue commercial, la partie la plus intéressante du Sénégal.

Il y avait là une méconnaissance regrettable des véritables intérêts français au Soudan, et nous ne pouvons qu'applaudir à la nouvelle direction que le sous-secrétaire d'État actuel semble vouloir imprimer à cette branche de notre politique coloniale.

Avec ce sens pratique et cette connaissance approfondie des intérêts coloniaux qu'il a déjà su affirmer en maintes circonstances, M. Étienne a compris certainement que l'avenir de notre grande possession sénégalo-soudanienne se trouvait là et non ailleurs.

« S'il se forme jamais un grand empire colonial dans cette partie de l'Afrique, a écrit le général Faidherbe, le centre et le chef-lieu politique en seront sans doute dans le Fouta-Djallon, aussi ne devons-nous pas perdre de vue cette intéressante contrée. »

Cette opinion de notre illustre compatriote, partagée par beaucoup d'autres hommes d'une haute compétence, tels que le lieutenant-colonel Gallieni, ancien com-

mandant supérieur du Soudan, se base sur
diverses considérations dont l'étude n'est
pas sans intérêt à l'heure actuelle.

Occupant le massif montagneux qui sépare
les divers bassins des Rivières du Sud de
ceux du Niger, du Baffing et de la Falemé,
le Fouta-Djallon est un pays très accidenté,
fertile, bien arrosé, relativement sain et
riche en produits de toute espèce. Sa population est de 600,000 habitants.

Il tient la tête de toutes les rivières principales descendant vers la mer comme vers
le Sénégal et le Niger; il commande donc,
au point de vue commercial, tout le mouvement des caravanes qui a lieu vers nos
Rivières du Sud.

On comprend, dès lors, combien augmen-
terait ce mouvement d'affaires de nos factoreries du Sud, et, par suite, nos recettes de
douane, le jour où notre influence dans cette
région s'affirmerait, par exemple, par la présence d'un résident français à Timbo ou dans
les environs, et où, forçant de la sorte les
principicules qui dominent actuellement le

pays à laisser toute liberté au commerce des caravanes, nous donnerions la main d'une part aux Rivières du Sud et d'autre part aux possessions du Haut-Niger, vers Siguiri. Les caravanes ayant toujours intérêt à se diriger vers les comptoirs les plus voisins, il est indubitable que le jour où elles seraient assurées, sous la protection française, de pouvoir franchir librement le Fouta-Djallon, tout le mouvement de la vallée du Niger passerait par Siguiri, Timbo et les Rivières du Sud, par la raison que de Siguiri au port de Benty il n'y a que 600 kilomètres alors qu'il y en a 1,800 de Siguiri à Saint-Louis.

Depuis plusieurs années, d'ailleurs, la France a entre les mains les voies et moyens d'établir son influence effective dans le Fouta-Djallon, qui se trouve déjà placé, en principe, sous notre protectorat en vertu du traité conclu en 1881 entre les Almanys et le docteur Bayol.

Depuis cette époque, il est vrai, ce traité, bien que ratifié par le gouvernement français, n'a reçu aucune exécution, et les auto-

rités coloniales du Sénégal, distraites, comme
nous l'avons dit plus haut, par leur unique
préoccupation de relier le Haut-Fleuve au
Niger, ne songèrent pas à bénéficier du pri-
vilège qui nous était acquis à la suite de
l'exploration Bayol.

En 1888, sous le commandement supérieur du colonel Gallieni, qui se préoccupait
d'assurer définitivement notre influence dans
ce pays et d'installer un poste militaire à
Timbo, la mission Plat a obtenu des Almanys
un nouveau traité remplaçant en le modi-
fiant sur quelques points, le traité de 1881.

Il serait urgent d'assurer l'exécution complète de cet acte qui nous donne dans le pays
une situation prépondérante. Tout concourt
à démontrer la nécessité de faciliter à nos
comptoirs des Rivières du Sud les communications directes avec le Niger et le Soudan
français.

De notre installation à Timbo, nous ne
saurions trop le répéter, dépend la solution
de la question du Haut-Fleuve qui avait été
jusqu'à présent mal comprise. Cette œuvre,

pour laquelle la France a fait depuis plusieurs années des sacrifices sérieux, serait ruineuse si nous nous bornions à piétiner sur place sans savoir sortir des voies de la routine.

Les centres de population du Soudan sont : au nord, la Kaarta et le Bélédougou (150,000 habitants); à l'est, le Macina (1,000,000 d'habitants); au sud, le Fouta-Djallon (600,000 habitants), et les États de Samory, de la mer au King (1,500,000 habitants).

Ce sont ces agglomérations qu'il faut successivement faire rentrer dans notre sphère politique et commerciale, en commençant par le Fouta-Djallon vers lequel nous appellent nos intérêts de toute nature.

Pourquoi ne pas indiquer, en passant, que là ne doit pas s'arrêter notre œuvre dans l'avenir et que, pour tirer tous les fruits de nos projets de pénétration au Niger, il faut que, par le Fouta-Djallon et l'extrême Haut-Niger, nous donnions la main à nos établissements du golfe de Guinée (Assinie et grand Bassam); que par le Niger et le Macina nous arrivions à entrer en relations avec le moyen Niger, l'empire de Sokoto et les contrées du lac Tchad ; enfin que par nos futurs établissements du Niger vers Tombouctou, et à la limite du Sahara par nos établissements du banc d'Arguin et des environs du cap Blanc, nous réussissions à diriger tout le commerce des caravanes vers nos établissements français, qu'ils soient algériens, nigeriens ou sur la mer.

Tel est, croyons-nous, le programme d'ensemble qu'avait conçu le colonel Gallieni pendant la durée de son commandement au Soudan, programme qui pourrait seul nous permettre de récupérer un jour les sommes considérables absorbées par l'entreprise du Haut-Fleuve.

Il faut que le commerce de l'intérieur trouve par tous les moyens des débouchés sur la mer, de telle sorte que nos compatriotes du Sénégal fassent au moins leur profit des sacrifices que la métropole s'est imposés pour assurer le développement de la colonie.

Une direction intelligente et énergique peut transformer en bien peu de temps les situations les moins favorables. Lorsque Faidherbe, dont nous invoquions tout à l'heure le haut témoignage, prit en 1854-55 le gouvernement du Sénégal, le commerce du fleuve était dans un état précaire; les Maures étaient partout les maîtres et venaient piller jusqu'aux portes de Saint-Louis; nos chalands étaient forcés de naviguer en flottille sous l'escorte d'un navire de guerre; les traitants ne pouvaient descendre à terre; à chaque village il fallait payer un tribut, et cette situation durait depuis deux siècles. Malgré des oppositions de toute nature, le gouverneur n'hésita pas à prendre des mesures énergiques, et un ou deux ans plus tard, tout le commerce du fleuve était devenu ce qu'il est aujourd'hui, les Maures en passaient par nos volontés, le commerce prenait une extension étonnante et faisait la richesse de nos maisons de Bordeaux, et la colonie voyait quintupler le chiffre de ses revenus.

Le jour où nous aurons affirmé notre influence dans le Fouta-Djallon et où les routes seront devenues entièrement libres, le commerce de la région quintuplera lui aussi, et nos recettes douanières seront largement augmentées.

En voyant l'attention du sous-secrétaire d'État se porter sur ces points dont ses prédécesseurs ne s'étaient pas suffisamment préoccupés, nous avons l'espoir que la question du Haut-Fleuve va recevoir enfin une solution conforme à l'intérêt général du pays.

Mai 1889.

LE SOUDAN FRANÇAIS

LE SOUDAN FRANÇAIS

Le lieutenant-colonel Gallieni, qui est parti au mois d'octobre de l'année dernière à la tête de la colonne expéditionnaire du Haut-Fleuve, effectue en ce moment son retour, après avoir visité les postes qui relient le Haut-Sénégal au Haut-Niger. Il était à Bafou-labé le 28 avril, se disposant à rejoindre Kayes pour descendre le Sénégal jusqu'à Saint-Louis et s'embarquer à destination de Bordeaux.

Les résultats obtenus pendant cette nouvelle campagne font le plus grand honneur à celui qui l'a dirigée avec son énergie habituelle et l'expérience acquise par une pratique déjà longue des hommes et des choses du Soudan. On sait, en effet, que dès l'année 1880 le lieutenant-colonel Gallieni avait, malgré des difficultés sans nombre, réussi à atteindre Ségou, sur le Niger, où le sultan

Ahmadou l'avait retenu quelque temps prisonnier.

Dès le début de la campagne 1887-1888, le commandant supérieur, sentant la nécessité de se débarrasser du marabout Mahmadou Lamine qui, à la tête de nombreux partisans dont il avait su surexciter le fanatisme religieux, menaçait de couper la ligne de ravitaillement de nos postes, dirigea contre lui une expédition. Une colonne volante, placée sous les ordres du capitaine Fortin, fut lancée contre Toubakouta, la place forte du marabout, située à environ 100 kilomètres au sud de Bakel, et l'enleva en quelques heures. Mahmadou Lamine parvint d'abord à s'enfuir, mais il fut poursuivi par nos alliés, qui réussirent à l'atteindre avant qu'il eût atteint le poste anglais de Mac-Carthy, le tuèrent et rapportèrent sa tête à Kayes.

L'heureuse issue de cette expédition assurait la tranquillité dans le Soudan et permettait au commandant supérieur d'organiser de nombreuses missions topographiques et commerciales.

M. Liotard, pharmacien de la marine, fut chargé de visiter le Fouladougou, le Niani, le Ferlo. M. le sous-lieutenant d'infanterie de marine Levasseur dut pénétrer dans le Fouta-Djallon, déjà visité en 1880 par le Dr Bayol, dans le pays de Labé, remonter ensuite vers le nord-ouest pour traverser le Pakao et aboutir à la Cazamance. D'après les dernières nouvelles, ce voyageur éprouvait de sérieuses difficultés du côté de Yembéring, mais continuait néanmoins courageusement sa route.

Une autre mission, placée sous la direction du capitaine Oberdorf, avait pour but de déterminer la route la plus directe entre nos postes du Niger et nos possessions des rivières du Sud, en passant par le Fouta-Djallon. Partie de Bafoulabé au commencement de décembre, cette mission atteignit heureusement Dinguiray, mais son chef succomba presque aussitôt, emporté par un accès de fièvre bilieuse hématurique. Elle continua néanmoins sa route sous la direction du sous-lieutenant Plat et du docteur Fras, et parvint

à Timbo, capitale du Fouta-Djallon. Ce pays
avait déjà été placé sous le protectorat de la
France par un traité conclu en 1880 par le
docteur Bayol. Le sous-lieutenant Plat et le
docteur Fras ont obtenu de l'Almany une
nouvelle convention plus avantageuse pour
nous et qui nous ouvre définitivement cette
riche contrée que les voyageurs ont surnom-
mée la Suisse africaine. On sait, en effet,
que grâce à l'altitude des plateaux qui le
composent, 800 mètres environ, le Fouta-
Djallon jouit d'un climat tempéré où l'on
retrouve la plupart des produits agricoles de
l'Europe. C'est donc, de tous les pays de
cette région de l'Afrique, celui qui offre le
champ le plus propice à l'établissement de
nos colons. Ils pourront s'y livrer, au moins
aussi bien qu'en Algérie, à toutes sortes de
travaux agricoles et industriels; c'est, en un
mot, une véritable colonie de peuplement.
La seule difficulté est de relier le Fouta-
Djallon à la mer par une route commode et
sûre. La mission est arrivée le 1er mai à
Benty, sur la Mellacorée, sans éprouver de

difficultés; on peut donc assurer dès à présent que le problème n'est pas insoluble.

Enfin d'autres missions, confiées au commandant Vallière, au capitaine Audéoud, au sous-lieutenant Fournier avaient pour objet de compléter la reconnaissance de divers pays déjà placés sous notre protectorat, tels que le grand et le petit Bélédougou, le Markabougou, etc.

Pendant que ces officiers poursuivaient le programme qui leur avait été tracé, le commandant supérieur, après avoir atteint Bammakou, remontait avec la colonne la rive gauche du Niger et arrivait le 23 janvier à Siguiri, au confluent du fleuve avec le Tankisso. Ce point avait été choisi depuis longtemps déjà pour la création d'un poste destiné à protéger les nombreuses caravanes qui trafiquent entre les états de Samory, le Fouta-Djallon et nos possessions des Rivières du Sud. Le poste a été construit sur un plateau situé à deux kilomètres du Niger, il est déjà relié à Niagassola et par conséquent à Saint-Louis par un fil télégraphique. Le commandant peut communiquer en quelques heures avec Paris.

On avait songé tout d'abord à mettre Siguiri en relation avec Bammakou au moyen d'une canonnière, mais le fleuve est trop rapide sur cette partie de son parcours pour que le projet soit facilement réalisable. La canonnière le *Mage*, construite à Paris en six semaines, a donc été montée à Maniambougou. Elle formera avec le *Niger* qui, on le sait déjà, a heureusement effectué un premier voyage à Tombouctou, une petite flotille suffisante pour explorer les nombreux affluents du grand fleuve soudanien.

Disons enfin que, pendant la campagne qui vient de finir, les travaux du chemin de fer destiné à relier Kayes à Bafoulabé ont été poussés avec la plus grande activité. La voie s'arrêtait au marigot de Galongo (kilomètre 95). Il a fallu construire à cet endroit un viaduc long de 75 mètres et haut de 15 mètres. A la fin du mois d'avril les rails avaient été posés jusqu'au kilomètre 112; toute la région qui présentait des difficultés était traversée, et, selon toute probabilité, le chemin de fer arrive maintenant jusqu'à Bafoulabé. Un porteur Decauville, posé sur 45 kilomètres au-delà de ce dernier point, prolonge la voie dans la direction de Badumbé.

Il résulte de ce rapide aperçu des travaux exécutés au Soudan, que l'avenir de cette région apparaît sous un jour des plus favorables et qu'elle est assurément destinée à offrir de sérieux débouchés au commerce national.

Mai 1888.

L'AUTONOMIE DU SOUDAN FRANÇAIS

L'AUTONOMIE DU SOUDAN FRANÇAIS

Nous avons déjà signalé, parmi les progrès accomplis au Soudan, les travaux exécutés en vue de créer des débouchés par l'établissement de chemins de fer et d'autres voies de communication, et nous avons constaté l'avenir très prospère qui semble assuré dès à présent à cette nouvelle colonie française.

Il est incontestable que si la France persévère dans la ligne de conduite qu'elle s'est tracée pour la colonisation de cette fertile région, nous ne tarderons pas à voir ce pays, qu'avaient ruiné les guerres des conquérants indigènes, se repeupler grâce à la paix et à la sécurité que nous aurons su lui assurer.

Aujourd'hui, la phase de la pacification est pour ainsi dire terminée, sauf quelques vieux levains de révolte entretenus par les marabouts; la masse de la population s'applaudit d'être placée sous notre protection et se remet avec courage aux travaux agricoles. Le moment est donc venu pour l'autorité militaire, dont la mission a été très utilement remplie, de faire place dans une large mesure à l'élément civil, afin que le Soudan français, à l'exemple de nos autres colonies, puisse procéder au développement progressif de ses institutions administratives, en un mot à la fondation de son autonomie.

C'est là une question sur laquelle nous aurons plus d'une fois occasion de revenir et dont nous n'indiquons aujourd'hui que les grandes lignes.

Il importe d'arriver, dans le plus bref délai possible, à doter la région comprise entre Bakel et Bafoulabé d'une représentation en France dans le conseil supérieur des colonies, d'une représentation au conseil général du Sénégal, d'un conseil d'arrondissement et de commissions municipales à Bakel, à Kayes, à Médine et à Bafoulabé.

Ces localités sont habitées par beaucoup de notables venus de Saint-Louis, tous hommes

d'affaires et ayant déjà l'expérience des fonctions électives. Cette population d'élite se
complète par l'élément commercial français
et par l'élément français et indigène recruté
dans le personnel des administrations. Il y
a donc là un collège électoral tout trouvé.

La représentation au conseil supérieur des
colonies aurait pour but de défendre auprès
de la métropole les intérêts du Soudan français et d'attirer l'attention du commerce sur
les produits locaux.

Quant aux attributions du conseil d'arrondissement et des commissions locales, ainsi
qu'au rôle qu'aurait à remplir le représentant
de la colonie au conseil général du Sénégal,
nous aurons à en faire ultérieurement l'objet
d'une étude spéciale.

La mission de ces corps électifs serait, à
coup sûr, intéressante dans une contrée où
se trouvent réunis de sérieux éléments d'avenir et de prospérité. A Kayes, le chef-lieu
de notre établissement au Soudan, les progrès
et les améliorations sont assez rapides pour
que les officiers et les fonctionnaires qui des-

cendent des postes supérieurs après un séjour de quelques mois soient étonnés des changements qui se sont produits en leur absence dans l'aspect général, dans l'aménagement des boutiques, dans l'installation des établissements publics et privés.

A Bakel, à Médine et à Bafoulabé, les progrès sont également très appréciables.

La réunion de tous ces territoires en un faisceau administratif permettrait à notre nouvelle colonie africaine de se développer activement et de réaliser en peu d années toutes les espérances qu'elle fait concevoir à ceux qui ont pu apprécier de près ses ressources et sa vitalité.

Mars 1889.

LA FRANCE A PORTO-NOVO

LA FRANCE A PORTO-NOVO

Des incidents dont l'importance a été fort exagérée se sont produits récemment à Porto-Novo (côte occidentale d'Afrique).

Sous l'empire d'une sorte de panique, assez excusable d'ailleurs, vu la situation topographique du pays, la population de cette ville, composée de quelques Européens et de 30,000 habitants indigènes, a cru voir une tentative d'incursion sérieuse du roi de Dahomey, tentatives qu'on peut toujours redouter de sa part, là où il n'y avait en réalité qu'une escarmouche entre ce puissant chef africain ou ses adhérents, et le roi de Porto-Novo, Toffa, placé sous notre protectorat.

Nous croyons utile de résumer ces faits, très sommairement, non pas tant à cause de leur importance qui est fort secondaire, que pour faire ressortir une fois de plus les inconvénients inhérents à un système d'occupation coloniale où l'élément militaire persiste à vouloir maintenir sa suprématie traditionnelle.

Il y a vingt-cinq ans que le royaume de Porto-Novo s'est placé sous notre protectorat. Aux termes d'une convention passée en 1864 entre la France et l'Angleterre, son territoire forme sur la côte des Esclaves un carré de 40 à 45 kilomètres de côté, limité à l'este par le royaume de Dahomey, à l'ouest par les établissements anglais de la côte des Esclaves et au sud par l'Océan (golfe de Benin); au nord il est bordé par de petits États indépendants, soumis aux incursions et aux déprédations incessantes du roi de Dahomey.

A l'extrémité occidentale du royaume de Porto-Novo se trouve le village de Kotonou, sur la frontière du Dahomey. Bien que Kotonou, bâti au fond d'une lagune, ne communique pas directement avec la mer, il forme une sorte de port, le seul du reste que possède le royaume de Porto-Novo. De Kotonou les marchandises sont aisément transportées par eau à travers les lagunes de Nokhoué et de Porto-Novo jusqu'à la capitale. C'est ce qui constitue l'importance de ce village dont la cession nous a été faite en 1868 par le roi de Dahomey qüi voudrait, mais en vain, nous la contester aujourd'hui.

Nous sommes donc absolument chez nous à Porto-Novo, depuis Kotonou jusqu'aux établissements anglais de Lagos, et si cette possession n'a pas par elle-même une valeur considérable, elle a tout au moins l'avantage de sauvegarder, en vue de l'avenir, notre situation prépondérante dans le voisinage du royaume de Dahomey, dont le territoire, très riche et très fertile, pourrait devenir le siège d'importantes cultures.

C'est à la date du 25 mars dernier que se place le début de l'incident dont nous parlons plus haut. Une certaine agitation se produisit tout à coup dans la ville de Porto-Novo et le bruit se répandit que les Dahomiens attaquaient les environs et seraient aux portes de la ville dans un ou deux jours. Bientôt après on voyait défiler, se dirigeant vers la campagne, un certain nombre de gens armés représentant les troupes de Toffa, et l'on apprenait le lendemain et les jours suivants que toute l'armée du roi de Porto-Novo était en déroute, que le premier ministre, le lary Abéjobé, avait eu la tête coupée, que trois autres larys du roi étaient tués. A ces nouvelles, vraies dans leur ensemble, vinrent s'ajouter chaque jour des fausses alertes et des bruits absolument controuvés depuis, mais qui furent le signal d'une émigration générale. Cette émigration dont le roi lui-même donnait l'exemple en s'enfuyant avec tout son harem de l'autre côté de la lagune, à Bopa, sur la rive anglaise, dura jusqu'au 5 avril.

De là, le pas n'était pas grand à franchir pour en arriver à faire circuler les nouvelles les plus exagérées, disant que la ville était la proie des flammes, que 1,500 cases étaient détruites, que le roi avait réuni les Européens pour leur donner lecture du traité du protectorat et leur faire attester que la France l'abandonnait, etc. On comprend toutes les conséquences que des imaginations surexcitées peuvent tirer de pareils faits sans prendre même la peine d'en contrôler l'authenticité.

Enfin, le 6 avril, sur la demande de M. de Beeckmann, administrateur particulier des établissements français dans le golfe de Benin, M. l'amiral Brown de Colstoun, commandant en chef la division navale de l'Atlantique, faisait débarquer à Porto-Novo des compagnies de l'*Aréthuse* et du *Sané* et l'on voyait immédiatement se dissiper les craintes d'un danger qui n'avait probablement jamais existé sérieusement.

Il reste à examiner, d'après les renseignements parvenus jusqu'à ce jour sur cette affaire, quel a été le rôle des agents du gouvernement chargés d'administrer les intérêts français dans ces parages et d'y faire respecter le pavillon national.

M. l'administrateur de Beeckmann, en tournée pour les intérêts du service, n'était pas à Porto-Novo au début de l'affaire.

Aurait-il pu prendre à son retour les mesures propres à rétablir la confiance et à faire cesser cette panique regrettable? C'est ce qu'établira d'une manière certaine l'enquête ordonnée par le gouverneur du Sénégal. Mais ce qui ressort dès à présent de tous les faits parvenus à notre connaissance, c'est que ses efforts ont été entravés par l'attitude du capitaine d'infanterie de marine comman- dant le détachement de Porto-Novo. Il semble que ce dernier, par son inaction, ait laissé la situation s'empirer, en exagérant la portée des hostilités engagées et le danger que cou- rait la ville confiée à sa garde. On s'explique difficilement, en tout cas, comment ce dan- ger pouvait être conjuré par cet officier qui, sous prétexte de prendre en mains la haute direction de l'affaire en écartant à dessein toute immiction de l'autorité civile, se bor- nait à considérer que ses tirailleurs n'avaient d'autre soin à prendre que de protéger son propre campement, de s'y caserner, d'y percer des meurtrières, laissant sa ville sans défense.

Nous avons eu bien souvent l'occasion de signaler cette fâcheuse tendance de l'élément militaire à s'ingérer dans les affaires de l'autorité civile et à entrer en lutte avec elle. Cette tendance, il faut bien le dire, se rencontre surtout dans les grades inférieurs où l'officier semble d'autant plus jaloux d'autorité qu'il est moins capable de l'exercer ; les chefs de notre armée navale, au contraire, aussi bien dans l'infanterie de marine que dans la marine proprement dite, se montrent généralement disposés à prêter très franchement leur concours à l'administration coloniale.

En résumé, toute cette affaire de Porto-Novo se réduit a peu de chose, et les Européens aussi bien que les indigènes se sont laissé trop facilement impressionner par des exagérations et des craintes que ne comportait pas la situation. On ne sait pas encore d'une manière certaine par qui a été dirigée l'attaque des villages voisins de Porto-Novo. Si c'est par le Dahomey, il faut obliger Toffa, roi de Porto-Novo, à faire des démarches auprès du roi Glégé pour assurer la paix dans l'avenir.

Toffa a déclaré lui-même, dans une réunion tenue devant les commerçants européens, que s'il avait provoqué le roi de Dahomey, c'est qu'il comptait que les Français le vengeraient. Toffa aurait donc été la seule cause de cette invasion et il a été ensuite le premier à fuir en entraînant toute la population. Mais la question s'aggraverait pour lui singulièrement si, comme le bruit en a couru, le coup devait être imputé au roi Dekamé, sujet de Toffa lui-même. L'enquête ordonnée par le gouverneur du Sénégal fera certainement connaître la vérité sur tous ces points.

Quant au village de Kotonou, dont la propriété nous serait contestée, dit-on, par le roi de Dahomey, oublieux de la cession faite en 1868, nous estimons qu'il n'y a pas lieu de chercher à arriver par une entente à la solution d'une pareille question dans laquelle la mauvaise foi du roi nègre se trahit d'une manière évidente. Il suffit simplement de lui imposer notre volonté. Ce serait une occasion très heureuse d'affirmer notre prestige dans le golfe de Benin où les Anglais et les

Allemands cherchent à développer chaque jour leur influence.

Le Dahomey se rendra aux plus habiles. Tâchons que ce soit nous.

Juin 1889.

LE COMMERCE DU CONGO

ET SES MOYENS DE TRANSIT

LE COMMERCE DU CONGO

ET SES MOYENS DE TRANSIT

Le mouvement commercial qui tend à se développer de plus en plus dans nos possessions du Gabon et du Congo français a atteint, en 1887, date des dernières statistiques, la somme totale de 7,374,840 francs en ce qui concerne seulement le Gabon.

Cette somme se décompose comme suit :

Commerce avec la France......	898.089
— avec les colonies françaises	21.493
— avec l'étranger......	6.455.258
Total égal.....	7.374.840

En 1886 le montant des échanges s'était élevé seulement au chiffre de 5,548,396 francs et en 1885 à celui de 3,878,571 francs.

Il en résulte que depuis 1885 le mouvement commercial du Gabon progresse tous

12.

les ans dans une proportion qui varie de
seize à dix-huit cent mille francs. Le commerce du Congo proprement dit n'est pas
compris dans les statistiques qui précèdent.
N'étant soumis à aucun droit il ne peut être
exactement chiffré.

Si l'on considère que les marchandises et
denrées provenant de l'immense bassin du
Congo dont une partie appartient à la France,
viennent se concentrer au Stanley-Pool,
point à partir duquel le fleuve, coupé de
rapides et de cataractes, cesse d'être navigable, on comprendra que la question des
communications entre le Stanley-Pool et la
mer doivent s'imposer en premier lieu aux
préoccupations de la France et de l'État
indépendant du Congo.

Deux routes sont actuellement fréquentées
par le commerce, l'une sur le territoire de
l'État indépendant, l'autre en territoire
français. La route de l'État indépendant suit
la vallée tourmentée du Congo dont elle
emprunte le cours sur une centaine de kilomètres entre Manyanga et Isanghila et

débouche à Vivi. La route française comprend un portage de 100 kilomètres environ en pays relativement plat, entre Brazzaville et le haut Niari-Quilliou, et la vallée de ce fleuve presque entièrement navigable. Son port est Loango. La route de Niari-Quilliou est, sans contredit, meilleure que celle du Congo, et, bien que son port d'accès soit moins bon, le commerce le préfère.

L'état actuel des choses est donc plus favorable à la France qu'à l'État indépendant, et c'est pour modifier cette situation que ce dernier a projeté l'établissement du chemin de fer de Léopoldville à Matadi, dont les études sont aujourd'hui terminées et dont la construction éventuelle a été concédée le 25 mars 1887 par le roi des Belges, souverain du Congo indépendant, à une Société constituée à Bruxelles.

Cette Société s'est engagée à faire à ses frais l'étude complète d'un chemin de fer reliant, dans les conditions les plus favorables, le bas Congo au Stanley-Pool. Ce chemin de fer devra être entièrement sur le

territoire de l'État indépendant du Congo et
pourra être en deux tronçons reliés par une
partie navigable du fleuve.

L'État concède à la Compagnie, comme
prix de ses études, la pleine propriété de
150,000 hectares de terres, pris parmi les
terres vacantes non occupées par les indigènes.

Il lui laisse, pendant un délai de dix-huit
mois à partir de la remise des études, le
droit d'option pour la concession de la construction de la ligne et de son exploitation
pendant quatre-vingt-dix-neuf ans, et lui
garantit, en ce cas, un minimum d'avantages
fixé comme suit :

A. Concession de tous les terrains nécessaires pour l'établissement de la voie et de
ses dépendances ; ces terrains seront au besoin
expropriés par l'État et à son compte pour
être remis sans frais à la Compagnie.

B. Concession en pleine propriété de
toutes les terres dont la Compagnie voudra
prendre possession au fur et à mesure de la
construction de la ligne dans une zone de

200 mètres de profondeur de chaque côté de la voie ferrée.

C. Concession en pleine propriété de 1,500 hectares de terre pour chaque kilomètre de voie ferrée construit et livré à l'exploitation.

L'État indépendant du Congo s'engage en outre à accorder à titre de subside à la Compagnie, jusqu'à l'expiration de la concession éventuelle de quatre-vingt-dix-neuf ans, 20 0/0 du produit brut des droits de sortie qu'il aura perçus pendant l'année précédente, jusqu'à concurrence d'un maximum déterminé.

Les avantages énoncés ci-dessus démontrent l'importance que l'État indépendant du Congo attache à juste titre à l'établissement de cette grande voie de communication, et nous devions, de notre côté, nous préoccuper des voies et moyens qui permettraient, le cas échéant, d'assurer au commerce les mêmes avantages de transit sur notre possession anglaise. Tel a été le but du décret du 23 janvier dernier autorisant la mise à

l'étude et l'exécution au moyen des ressources locales de travaux ayant pour objet
d'améliorer la navigation du Niari-Quilliou et de créer éventuellement une voie
de communication entre le Quilliou et
Brazzaville.

Il convient dès lors de se demander s'il n'y
aurait pas lieu de constituer comme en Bel-
gique une Société française chargée d'entreprendre les études nécessaires, et, éventuellement, la construction de la voie de
communication moyennant des avantages
analogues à ceux que l'État indépendant du
Congo concède à la Société d'études de
Bruxelles. La canalisation du Niari-Quilliou,
travail qui n'entraînerait pas une dépense
considérable, et la transformation du portage
de 100 kilomètres en une route muletière ou
charretière, et surtout ferrée, nous mettraient
en mesure de soutenir avec succès, dans
l'avenir, la concurrence du chemin de fer de
Matadi à Léopoldville.

Quant à présent, la situation respective
du Congo français et de l'État indépendant,

au point de vue commercial, peut se résumer ainsi :

Le commerce du Congo ne peut suivre que deux voies pour arriver à la côte : l'une en territoire français, l'autre sur le territoire de l'État indépendant. Cette dernière route commence à être délaissée en faveur de la voie française, où l'inconvénient d'un parcours plus long se trouve compensé largement par d'autres avantages, notamment ceux qu'offre une contrée moins accidentée, plus peuplée, et où des travaux peu considérables pourront permettre d'utiliser, pour le transport, le Niari-Quilliou, réduisant ainsi le chemin de portage à une longueur de 100 kilomètres environ.

Nous avons donc actuellement, et pour un temps encore assez long, une situation privilégiée, car l'État indépendant ne pourra entrer en concurrence avec nous avant d'avoir exécuté une voie ferrée de 400 kilomètres. D'autre part, la voie qui pourrait être construite sur territoire français présente des avantages sous le rapport des dépenses d'établissement et des frais d'exploitation.

Toute la question consiste donc à nous tenir prêts à toute éventualité et à ne pas perdre de vue que la voie étudiée par les soins de l'État indépendant sera exécutée tôt ou tard et à n'importe quel prix, car elle constitue pour le commerce de cet État un élément indispensable de vitalité.

Or, il ne faut pas oublier que la colonie du Gabon et du Congo français a ouvert à la France une vaste région riche en produits de tout genre et susceptible de fournir à l'industrie et au commerce tous les produits des tropiques. Notre administration coloniale saura, nous n'en doutons pas, assurer le maintien de la situation très prospère qui nous y est faite, en encourageant, dans l'intérêt du transit commercial, les projets et les études émanant de l'initiative privée.

Juillet 1889.

LES INTÉRÊTS FRANÇAIS DANS LA RIVIÈRE MUNY

LES INTÉRÊTS FRANÇAIS

DANS LA RIVIÈRE MUNY

Le règlement de la liberté commerciale dans la rivière Muny, au nord de nos possessions gabonaises, présente une importance des plus sérieuses et il est à souhaiter que les négociations auxquelles cette question a donné lieu depuis près de trente ans aboutissent enfin à un résultat pratique que réclame à bon droit le commerce de cette région. Si l'ajournement des difficultés de nation à nation constitue parfois, en matière diplomatique, un expédient habile et souvent nécessaire, ce n'est jamais une solution, et il arrive toujours un moment où la nécessité s'impose d'établir définitivement les droits de chacun. Nous croyons que ce moment est venu en ce qui concerne la contestation pendante entre la France et l'Espagne à propos de la délimitation de leurs frontières

respectives sur la côte occidentale d'Afrique
et principalement au sujet de la rivière
Muny.

Notre protectorat est établi depuis 1839
sur toute la côte qui s'étend depuis l'estuaire
du Gabon jusqu'au cap Saint-Jean, et par
conséquent sur l'embouchure du Rio-Muny
et ses dépendances comprenant les îles
Élobey, et ce n'est qu'en 1860 que le gouvernement espagnol éleva pour la première
fois des prétentions sur cette côte, prétentions
contre lesquelles la France dut protester
aussitôt. Des négociations furent entamées
et se sont perpétuées depuis sans avoir encore
pu aboutir à un arrangement définitif.

Nous n'avons pas à examiner en détail les
arguments invoqués par l'Espagne. Ils sont,
croyons-nous, plus nombreux que concluants
et ils vont jusqu'à s'appuyer sur le traité
conclu au Pardo entre l'Espagne et le Portugal le 1er mars 1778. Or, si ce traité,
stipulant des cessions de droits territoriaux
et des avantages commerciaux au profit de
la couronne d'Espagne, fait mention des îles

Fernando-Po et Annobon, il reste absolument muet sur le cours du Rio-Muny, probablement inconnu à cette époque, ainsi que sur ses dépendances les deux îles Élobey.

On peut ajouter que les Espagnols ne firent qu'une courte apparition dans cette région pendant le siècle dernier et que bientôt découragés par le refus des habitants de reconnaître leur autorité, épuisés par les privations, les maladies, ils prirent le parti d'abandonner Fernando-Po et Annobon vers la fin de 1782.

Ce n'est que soixante ans plus tard, en 1843, que l'Espagne songea de nouveau à faire valoir ses droits sur ces deux îles et s'établit en outre à Corisco où des factoreries espagnoles avaient été incendiées par les Anglais, mais elle ne songea pas alors à élever des prétentions sur la côte comme l'idée lui en vint subitement en 1860. La preuve en est que les documents officiels de l'époque et notamment un atlas de l'Espagne et de ses possessions d'outre-mer publié en 1850 par M. Francisco Coello et subventionné par le gouvernement espagnol n'indique comme possession de l'Espagne dans ces parages que les îles de Fernando-Po, d'Annobon et de Corisco.

Mais, de son côté, la France profitant à bon droit de l'inaction prolongée de ses compétiteurs, avait dès longtemps occupé certains points de la côte, et s'en était assuré la souveraineté en signant des traités avec un grand nombre de chefs, notamment dans la rivière Muny ou Danger et dans la rivière Moundah, et enfin dans l'estuaire du Gabon à une grande distance dans l'intérieur.

Par une tendance assez naturelle au cœur humain, les Espagnols ne songèrent à la valeur de ce qu'ils avaient dédaigné jusqu'alors, qu'en voyant le prix que nous y attachions nous-mêmes et c'est ainsi que peut s'expliquer la démonstration ordonnée par le gouvernement espagnol en 1860 au cap Saint-Jean et aux deux Élobey.

Cette démonstration aurait avorté dès son origine si nous y avions opposé avec fermeté une affirmation de nos droits.

Notre extrême longanimité n'a fait, au contraire, qu'encourager les empiétements de nos voisins.

C'est ainsi que dès à présent la prise de possession par l'Espagne de la petite Élobey, où elle a placé un sous-gouverneur, est acceptée par nous sans contestation.

C'est ainsi que dans le Parlement espagnol, il y a quelques mois à peine, divers orateurs nous ont dénié formellement tous nos droits dans la rivière Muny sans que le cabinet de Madrid ait élevé la voix pour protester contre cette façon absolument incorrecte de préjuger des questions qui font encore l'objet de négociations diplomatiques.

Voici sur ce dernier point des renseignements qui ne pourront être contestés puisqu'ils sont le résumé du compte rendu officiel de la séance.

A la suite d'une conférence sur la question du Rio-Muny faite en janvier dernier à la Société de géographie de Madrid qui forme, paraît-il, un petit État dans l'État, la presse espagnole a publié divers articles résumant toutes les prétentions de l'Espagne sur les territoires contestés.

Comme conséquence de ces publications une interpellation a eu lieu au Sénat le 15 janvier.

Le marquis de Casa Jimenez a demandé au ministre d'État des explications au sujet des événements dont le Rio-Muny a été le théâtre au mois d'octobre dernier et qui ont nécessité l'intervention des forces françaises. Le peuple espagnol, a-t-il dit, confiant dans l'énergie et le patriotisme du gouvernement, espère que ces questions seront réglées amicalement et convenablement.

M. le marquis de la Vega de Armijo a répondu que les négociations sont poursuivies depuis longtemps à Paris par une commission qui a étudié tous les précédents qu'on a cru opportun de réunir pour cette affaire, le gouvernement ayant présenté également ceux qu'il croit avoir à l'appui de ses droits.

Il a ajouté que cette question a présenté différentes phases, sans que jusqu'ici on soit arrivé à un accord complet parce que, comme dans toutes les questions qui dérivent d'un droit originaire en règle générale chaque partie croit que ses arguments sont les plus sérieux. On en est donc arrivé au point que les commissaires français ont cru qu'il n'était plus possible de continuer la polémique au moyen de l'étude des documents.

Pendant ce temps, dit le ministre, survenait un malheureux événement sur l'un des affluents de la rivière Muny.

Il y eut en effet quelques rencontres avec les indigènes. C'est dans ces circonstances que les factoreries du Rio-Muny, croyant qu'elles allaient être attaquées, sollicitèrent l'aide du gouverneur français du Gabon.

Le gouverneur français fit en effet partir un bâtiment qui par sa seule présence empêcha les suites funestes qu'aurait pu avoir cet événement si les indigènes avaient conservé leur complète liberté d'action.

Quand le gouverneur espagnol connut ce malheureux incident, il s'empressa, poursuit le ministre, de renforcer la garnison d'Élo-

13.

bey et adopta les mesures destinées à empêcher le retour de semblables actes.

Au sujet des négociations le marquis de
la Vega de Armijo dit qu'elles se poursuivent
avec les difficultés inhérentes à cet ordre de
discussions. Le gouvernement continue à
fournir les données qui établissent *son droit
parfait* sur ces pays lointains. Les Français
fournissent à leur tour les leurs, et si un
complet accord ne peut s'établir directement
il pourrait se faire qu'on eût recours au
moyen toujours usité en pareille matière, à
une médiation qui résoudrait la difficulté.

Si les déclarations du ministre espagnol
s'étaient arrêtées là, nous n'aurions guère
sujet de nous en émouvoir, mais dans une
réplique au marquis de Casa Jimenez il
s'exprime ainsi :

« Je ne voudrais pas qu'on pût douter un
seul moment, ici ou ailleurs, des *droits absolus*
du gouvernement espagnol sur l'entrée du
Rio-Muny, et notamment sur la grande et la
petite Élobey, ainsi que sur Corisco, car
tant de personnes y étant intéressées et tant

d'argument étant apportés aujourd'hui en tous sens dans cette affaire, il serait excessivement grave qu'on pût supposer que le gouvernement espagnol a méconnu un seul instant ses droits légitimes. »

En réponse à cette déclaration, M. le marquis de Casa Jimenez précise les droits de l'Espagne sur ses possessions du golfe de Guinée. Ils ont tous, dit-il, une origine fort ancienne, très antérieure à la conférence de Berlin. Les droits de l'Espagne sur Fernando-Po et Annobon datent du siècle dernier, de 1777 à 1778. Ceux sur Corisco et les Élobey datent de 1843, ainsi que les droits sur le cap Saint-Jean. Plus tard, quatre ou cinq délégués ou représentants du gouvernement ont fait des excursions dans le Rio-Muny et y ont réalisé d'importantes annexions, et si *l'Espagne n'y exerce pas jusqu'à présent sa souveraineté comme aux Élobey* où elle impose même des redevances, ces territoires sont soumis à la nation espagnole et portent son drapeau depuis un laps de temps bien plus considérable que celui que

le traité de Berlin lui-même exige pour pro-
noncer la souveraineté. Par conséquent,
l'orateur ne peut croire que les commissaires
français émettent des doutes à ce sujet. Aux
Élobey, ajoute-t-il, il n'y a que quatre factoreries, deux anglaises et deux allemandes, et
il n'en existe pas de française; il y en a à
l'embouchure du Rio-Muny et le gouvernement français aurait pensé que jusqu'à la
solution de la question elles étaient dans le
même cas que celles d'Élobey. C'est une
question terminée pour l'instant mais il ne
paraît pas possible que les territoires dont il
s'agit soient disputés.

Telles sont les appréciations qui peuvent
se faire jour devant le Sénat espagnol sans
que le cabinet de Madrid rétablisse la vérité
des faits, sans que le gouvernement français
proteste contre cette interprétation absolument erronée du véritable état de la question,
sans que la presse française, enfin, fasse
seulement mention de cette atteinte portée
aux droits de la France dans sa colonie
gabonaise.

La chose, pourtant, mériterait plus d'attention que bien des incidents, dits d'actualité, pour lesquels se passionnent la plupart de nos confrères.

Du maintien de nos droits sur la rivière Muny dépend, pour ainsi dire, le sort de notre possession du Gabon. Permettre à l'Espagne de substituer son influence à la nôtre à l'embouchure de cette rivière c'est lui abandonner la rivière tout entière avec tous ses affluents et lui livrer le trafic de cette région dont nous devons garder le monopole.

Depuis l'embouchure du Congo jusqu'à la rivière Campo, qui forme la frontière franco-allemande aux termes de la convention de 1885, la France est et doit rester seule maîtresse de cette côte très fertile, très riche en produits de diverse nature, et qui est bien faite pour exciter les convoitises des autres nations colonisatrices. Rien ne justifie les prétentions de l'Espagne à vouloir pénétrer ainsi au cœur même de notre possession et l'on peut se demander si dans son ardeur à

soutenir ses prétentions injustifiées, elle
n'est pas soutenue et encouragée par quelque autre Puissance ayant de ce côté des
visées pour un avenir plus ou moins éloigné.
Il y a là une question qui s'impose à notre
vigilance et nous voulons croire que la
France saura défendre comme il convient
son influence politique et commerciale dans
le golfe de Guinée.

Août 1889.

CRÉATION D'UNE LIGNE DE PAQUEBOTS

entre la France et les Possessions françaises
de la Côte occidentale d'Afrique.

CRÉATION D'UNE LIGNE DE PAQUEBOTS

ENTRE LA FRANCE

et les Possessions françaises de la Côte occidentale d'Afrique.

———

Parmi les Puissances maritimes qui depuis quelques années ont cherché à créer des débouchés nouveaux à leur commerce sur le continent africain, la France est au nombre de celles qui ont le moins ménagé leurs efforts, qui ont obtenu les plus sérieux résultats. Nos établissements du Sénégal ont été prolongés jusqu'au Niger; des traités de commerce et d'amitié ont été passés avec les souverains du Bélédougou et du Fouta-Djallon; nous devons à la persévérance et à l'habileté de M. de Brazza l'acquisition d'un territoire immense qui s'étend dans un espace de 650,000 kilomètres carrés, c'est-à-dire sur une surface plus vaste que la Métropole elle-même. Un large champ d'action est donc ouvert à notre commerce : mais

nous manquons encore de l'instrument indispensable à la prospérité de tout établissement colonial : il n'existe pas de communications directes et régulières entre la
Métropole et nos établissements du Gabon et
du Congo français.

C'est par Liverpool, c'est par Lisbonne
que nous sommes forcés d'acheminer nos
officiers et nos fonctionnaires quand ils vont
prendre possession de leur poste ; c'est sur
des paquebots battant pavillon étranger
qu'abordent à Libreville ou à Loango les
hommes qui ont mission de faire respecter et
aimer le pavillon national dans ces régions
lointaines !

Il n'y a pas là d'ailleurs une simple question de sentiment : pour que le commerce
français puisse tirer parti des nouveaux débouchés qui lui sont ouverts, il est indispensable qu'une ligne française relie les ports
de la Métropole à nos comptoirs du golfe de
Guinée. C'est ce que ne cessent de réclamer
les Chambres de commerce de Bordeaux, du
Havre, de Marseille ; c'est le vœu fréquem-

ment renouvelé des négociants établis au Gabon; c'est ce que M. de Brazza et M. Ballay, le lieutenant-gouverneur du Gabon, n'ont cessé d'indiquer comme la condition vitale du développement du commerce français dans la colonie.

Il est évident que tant que nous serons tributaires des lignes étrangères, les produits anglais embarqués à Liverpool, les produits allemands et belges embarqués à Hambourg et à Anvers jouiront d'une incontestable supériorité sur les produits français. Il sera même impossible de faire bénéficier d'une manière efficace les marchandises nationales de la détaxe douanière qui, en principe, leur est accordée. Les marchandises françaises n'arrivent sur la côte d'Afrique qu'après un transbordement dans un port étranger; or dans ces conditions la douane est impuissante à prévenir les fraudes; rien n'est plus facile, pour ne citer qu'un exemple, que de faire sortir de France, avec un certificat d'origine à destination du Gabon, des eaux-de-vie auxquelles on substitue à Hambourg les trois-six que le commerce allemand livre à la consommation coloniale.

Réciproquement, au retour, les produits exportés de la côte d'Afrique, l'huile et les amandes de palme, les arachides, le café, le caoutchouc, l'ivoire, les bois de teinture n'arrivent sur les marchés français que par la voie de Liverpool, d'Hambourg ou d'Anvers, grevés de frais considérables.

Il est essentiel que la France n'abandonne pas à ses concurrents le bénéfice d'un courant d'affaires qui tend constamment à s'accroître, ainsi que le prouve le développement incessant du mouvement de la navigation étrangère.

En Angleterre, il n'existe pas moins de trois Compagnies maritimes pour le service de la côte occidentale d'Afrique; ces trois Compagnies effectuent ensemble de huit à dix voyages par mois.

Une grande maison de Hambourg, la Compagnie Wœrmann, avait établi il y a quelques années un service mensuel pour desservir les mêmes parages. En cinq ans, le commerce de Hambourg, avec la côte occidentale a doublé; le service mensuel est devenu insuffisant et vient d'être remplacé par un service bi-mensuel.

Le Portugal dispose actuellement d'un courrier mensuel entre Lisbonne et Massamèdes; l'établissement d'une seconde ligne est décidé en principe et fonctionnera prochainement.

Enfin, le contrat passé par le gouvernement espagnol avec la Compagnie transatlantique, qui a reçu l'approbation des Cortès, comporte l'exécution de quatre voyages par an de Cadix à Fernando-Po par la côte de Guinée, les Canaries, les îles du cap Vert et Monrovia.

Comment s'étonner si dans ces conditions, tandis que de nombreux comptoirs anglais et allemands se fondent, et peuvent, grâce à la fréquence et à la régularité des moyens de transport, développer leur commerce avec un faible capital, les comptoirs français vont, au contraire, en diminuant comme nombre et comme importance?

Il y a là une situation à laquelle il devient urgent de porter un prompt remède, sous peine de nous voir enlever tout le trafic de la côte d'Afrique, de perdre le fruit des sacrifices que nous avons faits pour étendre notre influence en Afrique.

Le remède indiqué, c'est l'établissement de communications régulières entre la France et l'Ouest africain. Une ligne mensuelle faisant escale à Dakar, desservant les rivières du Sud du Sénégal, Grand-Bassam, Porto-Novo, Grand-Popo, Libreville et Loango, ayant sa tête de ligne soit au Havre, soit à Bordeaux, pourrait, d'après les études faites par l'Administration des colonies, se créer, dans de bonnes conditions, avec une subvention annuelle de 800,000 francs.

Mais il serait possible de ne pas laisser entièrement à la charge du Trésor la dépense afférente au payement de cette subvention : la colonie du Sénégal paye actuellement une subvention annuelle de 150,000 francs à la ligne qui dessert les rivières du Sud ; la

ligne nouvelle permettrait de supprimer ce
service et rendrait libre, sur les crédits du
budget local, une somme d'égale importance
qui pourrait être affectée au payement de la
subvention. M. de Brazza se montrerait sans
doute disposé à abandonner, sur les crédits
qui lui sont alloués pour le Congo, une somme
de 100 ou 150,000 francs ; enfin, il serait
possible, grâce à la création de la ligne nouvelle, de réaliser sur les dépenses des stations
locales du Sénégal et du Gabon des économies dont une partie, tout au moins, pourrait
être affectée à subventionner la Compagnie
concessionnaire du service maritime entre
la France et la côte occidentale d'Afrique.

Les stations locales du Sénégal et du Gabon occasionnent au service maritime une
dépense annuelle de 3,174,600 francs. Un
bâtiment de l'État, l'*Ariège*, est, en outre,
employé à faire, de France au Sénégal et au
Gabon, quatre voyages par an pour trans-
porter le personnel civil et militaire et le
matériel destiné aux différents services. Il
y aurait tout bénéfice à supprimer ce service

qui est lent et insuffisant, et à réduire, tant au Sénégal qu'au Gabon, le nombre des avisos qui y sont entretenus à grands frais. On rendrait ainsi disponibles pour l'escadre et pour les divisions navales un certain nombre d'officiers et d'hommes qui font, sans profit pour la défense maritime, un service dont l'industrie privée s'acquitterait infiniment mieux.

Il y a là une question des plus importantes, des plus urgentes, et nous la signalons à la sollicitude du ministre et du sous-secrétaire d'État de la marine et des colonies.

L'amiral Krantz est un esprit trop éclairé, il a trop le souci des intérêts qui lui sont confiés pour ne pas se prêter à une combinaison profitable à la marine, puisqu'il la débarrasserait d'un service qui la détourne de son rôle véritable, et qui permettrait, sans charge nouvelle pour le budget métropolitain, d'assurer le développement rapide de notre commerce avec nos colonies et la Côte occidentale d'Afrique.

Avril 1888.

CRÉATION D'UN SERVICE MARITIME POSTAL

Entre la France
et la Côte occidentale d'Afrique.

CRÉATION D'UN SERVICE MARITIME POSTAL

entre la France et la Côte occidentale d'Afrique.

———

Nous avons déjà signalé l'utilité qu'il y aurait à favoriser la création d'une ligne de paquebots français destinée à relier nos ports à nos possessions nouvelles de la côte occidentale d'Afrique, et nous avons fait ressortir ce qu'il y avait de choquant à voir nos vaillants explorateurs, nos officiers, nos fonctionnaires s'embarquer à grands frais sur les paquebots de Liverpool ou de Lisbonne pour rejoindre sur la terre d'Afrique le poste où, grâce à eux, flotte le pavillon national. Si cette considération d'ordre sentimental n'avait pas paru suffisante, il y avait, pour justifier le projet que nous préconisions, des raisons d'ordre pratique à invoquer. Pour que nos commerçants, nos industriels puissent tirer parti des nouveaux débouchés qui leur sont ouverts, il est indispensable que des communications régulières et directes soient établies entre la France et la côte occidentale. Jusqu'à ce jour les relations de la France avec ses colonies de la Côte-d'Or, du golfe de Benin, du Gabon et du Congo sont restées à la merci des Compagnies anglaises, allemandes et portugaises. C'est à Liverpool, c'est à Anvers, c'est à Hambourg que sont envoyés les produits exportés de nos postes, et s'ils finissent par arriver en France, ils n'y parviennent que grevés de frais considérables. Cette situation ne pouvait se prolonger : le gouvernement l'a compris et il vient de saisir la Chambre d'un projet de loi autorisant la prochaine mise en adjudication d'un service mensuel, dont les départs de France auront lieu alternativement du Havre ou de Rouen, d'une part, et de Marseille, d'autre part.

Les bateaux de la ligne du Havre toucheront à Bordeaux à l'aller comme au retour, à Cherbourg à l'aller et à Dunkerque au retour. En outre, et c'est là un point essentiel, pour laisser au service la plus grande somme d'avantages commerciaux, les paquebots des deux lignes auront la faculté de prolonger leur parcours jusqu'au cap de Bonne-Espérance et de relever, à leur retour, sur des ports français et étrangers, non désignés dans l'itinéraire officiel, où ils iront, dans l'intervalle des voyages, procéder à la récolte du fret, comme le font du reste les navires étrangers.

Indépendamment des deux lignes principales qui auront leur point d'attache au Havre et à Marseille, le projet prévoit l'établissement de services annexes destinés d'une part à se relier aux paquebots portugais, de manière à établir une double communication mensuelle entre la France et le Gabon-Congo, d'autre part à desservir par des moyens appropriés les points de la côte peu accessibles aux grands paquebots, et à pénétrer par les voies navigables jusque dans l'intérieur du pays.

Nous avons indiqué déjà comment la charge, résultant pour l'État du payement de la subvention, pourrait être sensiblement allégée si le ministre de la marine se décidait à confier à la ligne nouvelle une partie des transports que font actuellement les

14.

navires de guerre. L'amiral Krantz a donné son adhésion à une combinaison de ce genre : il a décidé que le stationnaire du Gabon, le *Pourvoyeur*, serait supprimé et que l'économie de 180,000 francs qui en résultera serait affectée à subventionner le service de la côte occidentale. 220,000 francs seront prélevés de même sur les crédits inscrits au budget colonial pour le Gabon-Congo, qui trouvera, et au delà, l'équivalent de cette somme dans les économies que réalisera la colonie sur ses transports de passagers et de matériel. Si, comme le prévoit l'exposé des motifs du projet, la dépense totale ne dépasse pas 700,000 francs, il restera, on le voit, un crédit de 300,000 francs à obtenir du Parlement.

La Chambre ne reculera pas devant ce sacrifice si elle met en balance les avantages considérables que retirera la France de l'exécution d'un projet dont dépendent l'avenir et la prospérité de nos belles possessions de l'ouest africain.

Décembre 1888.

COTE ORIENTALE D'AFRIQUE

OBOCK. SON UTILITÉ, SON AVENIR

OBOCK. SON UTILITÉ, SON AVENIR

Comme point de ravitaillement sur la côte orientale d'Afrique, Obock, que nous occupons depuis quelques années seulement, a une importance exceptionnelle qui ne peut échapper à quiconque se préoccupe de l'avenir de notre colonisation. Placé à l'entrée de la mer Rouge, sur la côte d'Abyssinie, il est admirablement situé pour servir de dépôt de charbon, d'eau et de vivres à tous nos navires de guerre ou de commerce en communication avec nos possessions d'extrême Orient, d'Océanie, de Nouvelle-Calédonie et de Madagascar, et qui étaient jusqu'à présent tributaires de la colonie anglaise d'Aden.

Placé sous la même latitude et séparé seulement de ce port par le détroit de Bab-el-Mandeb, Obock a même une supériorité sur Aden au point de vue de la végétation naturelle qu'il serait aisé d'y développer dans de vastes proportions et qui fait contraste avec le sol aride et rocailleux de la possession anglaise.

Dans ces conditions, Obock est destiné à prendre un développement considérable le jour où son installation matérielle aura subi les améliorations nécessaires et offrira à la navigation des avantages analogues à ceux qu'elle rencontre actuellement à Aden. A ce point de vue, il faut citer en premier lieu la création d'un port susceptible d'offrir un abri sérieux aux navires qui viendront s'y approvisionner.

Il résulte des statistiques officielles les plus récentes qu'Aden voit actuellement mouiller chaque mois dans son port cinq grands navires postaux français venant d'Europe et un nombre égal au voyage de retour (y compris la ligne annexe de Bombay), sans compter le transport militaire de l'Etat pour le Tonkin qui alterne tous les deux mois avec le transport affrété de la Compagnie nationale, ce qui constitue chaque mois un voyage régulier d'aller et un autre de retour.

Ces transports devraient, en principe, faire déjà escale à Obock, mais, en l'état actuel, cela n'est pas toujours possible; il est assez naturel que les navires hésitent à mouiller sur une rade ouverte où ils sont exposés à subir des avaries, et il est difficile de les y contraindre dans le seul but d'assurer la prospérité d'un dépôt de charbon nouvellement créé.

Indépendamment des services réguliers que nous venons d'énumérer, Obock devrait avoir comme clients naturels tous les navires de l'État faisant un service aller et retour entre la France et Madagascar, la Nouvelle-Calédonie, l'Océanie, les mers de Chine, etc., soit environ douze passages par an dans chaque sens.

De ce mouvement, donnant déjà un passage assuré de quatorze navires par mois, résulterait nécessairement l'accumulation sur ce point de ressources en tout genre, telles que charbon, glace, vivres frais, poisson, etc. Il y aurait en outre un va-et-vient continuel de bateaux charbonniers, puisque les Messageries maritimes, à elles seules, prennent à Aden vingt-cinq mille tonnes de combustible par an. Nul doute que cette grande Compagnie ne soit disposée à donner la préférence à Obock le jour où elle serait assurée d'y trouver pour ses navires un abri sérieux et un accès facile.

Indépendamment des ressources que nous venons d'énumérer et qui suffiraient pour garantir largement l'existence de la station, il faut envisager les conséquences commerciales qui découleraient forcément de ce grand mouvement maritime. Les navires venant à Obock avec des chargements de charbon seraient sssurés d'y trouver du fret de retour, et avec le concours de nos consuls et des agents commerciaux établis à Hodeida, à Aden, à Berbera, il s'établirait facilement un courant d'échanges avec l'intérieur du pays.

Il reste à examiner quels sont les voies et moyens les plus propres à réaliser cette conception dans le plus bref délai.

Les ressources dont dispose le budget spécial d'Obock sont des plus restreintes, et il faut même reconnaître que l'administration locale installée depuis cinq ans sur ce point a fait tout ce qu'on pouvait attendre d'elle, en organisant la station, telle qu'elle se comporte, avec d'aussi faibles moyens d'exécution. Ses établissements cependant sont forcément insuffisants et manquent absolument de confortable. A plus forte raison est-il difficile de prévoir le moment où l'État pourrait s'engager dans les dépenses considérables qu'entraînerait la création du port nécessaire aux besoins de la nouvelle colonie. Mais ce qu'on ne peut attendre actuellement des ressources administratives pourrait être l'œuvre de l'initiative commerciale, et nous savons que, dans cet ordre d'idées, des études très sérieuses ont été déjà entreprises pour déterminer le mode d'exécution le plus pratique et le plus écono-. mique. En effet, une Compagnie assez avisée pour entreprendre ce travail, même sans garantie ni subvention de l'État, trouverait dans les concessions diverses qui lui seraient

accordées une rémunération suffisante du capital engagé.

Les études dont nous venons de parler
devaient porter tout d'abord sur le choix de
l'emplacement du port à créer. A cet égard,
le doute n'était guère possible, et par le fait
il s'agirait, non d'une création, mais bien
plutôt d'aménagements importants à opérer
dans une partie de la rade.

La rade d'Obock est fermée du côté du
large par une ceinture de bancs madrépo-
riques compacts et solides qui sont presque
à fleur d'eau et dont une partie se découvre
même aux basses mers. Dans l'état actuel,
ces récits forment des brisants qui ne sont
pas suffisants pour empêcher le ressac d'agi-
ter les deux bassins du nord-est et du sud
qui constituent le mouillage, surtout lorsque
souffle la mousson de sud-ouest, car les fa-
laises qui dominent le bassin nord-est pro-
tègent naturellement cette partie de la rade
contre le vent opposé, lequel alterne pério-
diquement pendant six mois de l'année, et
d'une façon régulière, avec l'autre mousson.

Les massifs de coraux s'ouvrent vers l'est par un chenal relativement étroit et parsemé d'écueils, et au sud par une passe large de 500 mètres environ qui donne aux navires un accès commode de jour et de nuit dans le bassin de mouillage actuel. Toutefois, s'il fallait abriter ce bassin, on serait conduit à exécuter des travaux considérables et dont la dépense ne paraît pas, quant à présent du moins, en rapport avec l'importance d'Obock.

D'autre part, les marins les plus expérimentés ont reconnu que le bassin nord-est était un véritable fort creusé par la nature et que quelques travaux relativement peu coûteux le mettraient en état d'abriter tous les navires qui peuvent, d'ici longtemps, avoir à y faire escale.

On pourrait ainsi avoir un bassin de près de 95 hectares, ayant partout au moins 10 mètres de fond, et un second bassin moins profond, d'une vingtaine d'hectares, communiquant avec le premier et destiné à abriter le parc à charbon, les chalands ainsi que les barques de pêche et de service. Si l'on veut se rendre compte de la dimension de cet ensemble, il faut considérer que le port d'Alger, par exemple, qui comprend un bassin militaire où l'escadre de la Méditerranée tient à l'aise et deux grands bassins commerciaux, n'a pas plus de 80 hectares de superficie.

L'exécution immédiate du port nord-est n'empêcherait pas, d'ailleurs, de reprendre ultérieurement le projet d'ensemble relatif à la fermeture entière de la rade. L'entrée des navires devant toujours avoir lieu par la passe sud, le bassin de même nom et qui communique par un large chenal naturel avec le port nord-est pourrait continuer à être utilisé pour le mouillage sur rade des navires qui, pour une raison quelconque, ne pénétreraient pas dans le port.

Le projet de port nord-est donnerait donc satisfaction aux besoins de la navigation tels qu'on peut les prévoir pour une longue période.

Les hauts fonds disposés autour du bassin naturel constituant des assises de fondations toutes faites, l'exécution des jetées en serait abrégée et facilitée d'autant.

La disposition des lieux permettrait également d'aménager dans la partie est un bassin de radoub de 300 mètres de long sur 50 mètres de large.

Or, si l'on considère que depuis Suez jusqu'à la Réunion, d'une part, et Bombay, de l'autre (et ces deux ports ne sont pas sur la route habituelle des navires), il n'y a pas un seul point où ils puissent se faire réparer, l'installation d'un bassin de radoub à Obock suffirait pour justifier la création projetée et pour assurer la prospérité du nouveau port. En effet, notre nouvelle station voit passer à proximité de sa rade près d'un tiers des navires du monde entier, et il en est beaucoup qui, venant d'essuyer les moussons contraires des mers de Chine ou des Indes, seraient heureux de rencontrer sur leur route un port outillé de telle sorte qu'ils puissent s'y mettre en état de continuer sans danger le cours de leur voyage.

En résumé, s'il est une question qui s'im-

pose, au point de vue du développement de
notre domaine colonial, c'est l'organisation
rapide et sérieuse de notre station d'Obock
qui, dans l'état actuel, est incapable de détourner du port d'Aden la clientèle française
elle-même. L'existence même d'Obock est
donc subordonnée à l'aménagement de son
port et l'administration coloniale actuelle est
trop soucieuse des grands intérêts qui lui
sont confiés pour ne pas comprendre les dangers que présenterait à cet égard une inaction
prolongée.

Si l'initiative privée, encouragée et soutenue par l'État, est réellement en mesure
d'entreprendre ces travaux qui sont d'une
urgence de premier ordre, il importe d'arriver sans délai à une entente.

C'est en 1862, au moment où le percement
de l'isthme de Suez commençait à être pris
en sérieuse considération et où l'on sentait
la nécessité de se préparer des points de ravitaillement dans la mer Rouge, que l'attention
de la France se porta pour la première fois
sur Obock dont le territoire fut cédé alors au

gouvernement français. Le 11 mars 1862, une convention signée à Paris avec les délégués des chefs Danakils ayant autorité sur le littoral africain du golfe d'Aden, plaça sous le protectorat de la France la rade et le mouillage d'Obock avec la plaine environnante.

On a peine à s'expliquer, dès lors, comment depuis cette époque, et surtout depuis l'ouverture du canal de Suez en 1869, une longue période s'est écoulée sans que nous ayons songé à prendre possession effective de notre nouveau domaine, dont l'importance commerciale et stratégique n'apparut nettement qu'au moment de l'expédition du Tonkin.

Enfin, depuis six ans l'établissement d'Obock est définitivement fondé. Il fonctionne de son mieux, comme nous le disions plus haut, vu les ressources très restreintes dont dispose son budget spécial, mais cette station française peut et doit être outillée à bref délai, de façon à soutenir sans effort la concurrence de l'établissement anglais qui s'élève en face d'elle sur le détroit de Bab-el-Mandeb.   *Août 1889.*

15.

RÉORGANISATION ADMINISTRATIVE

de Nossi-Bé,

Diégo-Suarez et Sainte-Marie de Madagascar.

RÉORGANISATION ADMINISTRATIVE

De Nossi-Bé, Diégo-Suarez et Sainte-Marie de Madagascar.

———

Un décret, en date du 4 mai, vient de réaliser une très heureuse réforme dans l'organisation de nos possessions de l'océan Indien : l'île de Nossi-Bé, avec ses dépendances et le territoire de Diégo-Suarez, formeront désormais un seul gouvernement dont le siège est fixé à Diégo-Suarez ; l'établissement de Sainte-Marie de Madagascar cesse d'être une dépendance de la Réunion pour être rattachée au gouvernement de Diégo-Suarez.

Pour bien faire comprendre la portée de cette réorganisation, il ne paraîtra pas inutile de rappeler brièvement quelle est la situation géographique et l'importance politique des trois points dont l'union administrative vient d'être résolue.

Nossi-Bé, ou l'*île Grande*, ne mérite ce

nom que par comparaison avec les îlots qui
l'entourent, et dont l'un, Nossi-Comba, ne
se trouve qu'à deux ou trois lieues à peine
de la côte nord-ouest de Madagascar. Cette
proximité de la Grande-Terre constitue, au
point de vue politique et commercial, l'importance de Nossi-Bé, qui, comme le dit
très justement le rapport qui précède le
décret du 4 mai, a toujours été, jusqu'à ces
derniers temps, l'avant-garde de l'influence
française du côté de Madagascar. L'île a
22 kilomètres de long et 15 kilomètres dans
sa plus grande largeur ; sa population est de
de 9,000 habitants environ, dont 238 de
race blanche ; les exploitations agricoles
sont de peu d'importance, mais Hell-Ville,
la petite capitale de l'île, est un entrepôt
important pour le commerce qui se fait
entre Maurice et la Réunion d'une part,
Madagascar et la côte orientale d'Afrique
de l'autre. Trois comptoirs, appartenant à
des maisons de Marseille, de Hambourg et
de New-York sont établies à Nossi-Bé ; on
évalue à un million environ le chiffre

annuel d'affaires de chacune de ces agences.

Diégo-Suarez, situé à la pointe nord de Madagascar, forme le sommet d'un triangle dont la base serait formée par Nossi-Bé sur la côte ouest, Sainte-Marie sur la côte est.

Par sa position topographique, Diégo-Suarez était indiqué pour être le centre du nouveau gouvernement.

Assez vaste pour abriter les flottes les plus considérables, la baie de Diégo est à peu de distance des gisements houillers de Passandava, auxquels il serait facile de la relier par un chemin de fer Decauville. Grâce à l'énergie et à l'intelligente initiative du gouverneur, M. Froger, Diégo-Suarez est devenu en peu de mois un centre important de colonisation : les exploitations agricoles s'y développent avec succès ; les nombreuses salines qui entourent la baie seront prochainement en pleine exploitation. Un village, bientôt une petite ville, est sorti de terre : Austsuane sera sans doute le siège du nouveau gouvernement.

L'île de Sainte-Marie de Madagascar ou

Nossi-Ubrahim s'étend parallèlement à la grande terre dont elle est séparée par un canal de 16 kilomètres. L'île est de forme allongée ; sa contenance est d'environ 17,000 hectares ; sa longueur est de 50 kilomètres sur 3 kilomètres de large. En 1851, la France avait établi à Sainte-Marie un commandant particulier, avec une administration coloniale ; en 1876, le commandant fut remplacé par un simple résident, et Sainte-Marie fut rattachée administrativement à la Réunion. Cette petite possession reçoit de la métropole une subvention de 35,000 francs, qui, ajoutée aux recettes locales, suffit à pourvoir aux dépenses de son administration.

C'est une organisation ainsi simplifiée qui sera appliquée à Nossi-Bé, et qui permettra de réaliser une économie annuelle que le rapport annexé au décret évalue à 15,000 francs.

Peut-être pourrait-on aller plus loin encore dans cette voie, doubler ou tripler ce chiffre d'économies en réduisant le nombre des officiers de commissariat à Nossi-Bé et en ne constituant pour les trois colonies réunies qu'une seule direction de l'intérieur où très peu d'employés suffiraient à assurer le service.

En résumé, l'organisation nouvelle aura pour heureux résultat, non seulement de réduire les dépenses administratives, mais aussi et surtout de centraliser entre les mains d'un seul gouverneur la direction politique de trois petites colonies qui, par leur situation géographique, par leurs intérêts commerciaux, par leurs affinités de race, ont des relations constantes avec le gouvernement malgache.

Il était évidemment anormal, il pouvait être dangereux de laisser trois fonctionnaires, le gouverneur de la Réunion, le gouverneur de Nossi-Bé, le gouverneur de Diégo-Suarez, agissant tous dans la plénitude de leur indépendance et sous leur seule responsabilité devant le Département, entretenir avec le gouvernement Hova des relations de voisinage : il était d'une sage politique de faire cesser cet état de choses.

Mai 1888.

LE PROCÈS DES COMMUNES A LA RÉUNION

LE PROCÈS DES COMMUNES A LA RÉUNION

Pour la seconde fois, ou, plus exactement, pour la quatrième fois, la cour de cassation va être saisie de l'affaire de l'octroi de mer à la Réunion. Il ne paraîtra pas sans intérêt de rappeler les origines de ce procès, si l'on considère que les communes de la colonie sont mises en demeure de rembourser plusieurs millions, représentant des droits qu'on prétend indûment perçus. Ce n'est pas d'ailleurs pour la Réunion seulement que la question est pendante. Des procès analogues ont été intentés devant les tribunaux de la Martinique et de la Guadeloupe, et le syndicat financier qui exploite l'affaire compte bien ne pas en rester là. Si la jurisprudence admise dans ses précédents arrêts par la cour de cassation et, plus récemment, par la cour de Paris, devait prévaloir, on serait fondé à contester la légalité de

tous les droits perçus sous le nom d'octroi
de mer, non seulement à la Réunion et aux
Antilles, mais dans toutes les colonies, non
seulement pour la période écoulée de 1851
à 1867, mais depuis l'époque où les premiers
droits de ce genre ont été établis jusqu'à
l'heure actuelle. Il ne s'agirait plus de quelques dizaines de millions, mais de centaines
de millions.

On sait ce qu'on désigne par l'octroi de
mer : certaines difficultés pratiques ont em-
pêché d'installer dans les colonies françaises
des perceptions d'octroi aux portes de
chaque ville, comme en France. Pour procurer aux communes coloniales les avantages de cette source de revenus, sans
laquelle elles ne pourraient subvenir aux
services municipaux, on a imaginé d'établir,
sur les objets de consommation importés
dans les ports du littoral maritime, un droit
d'octroi municipal dont les produits sont
répartis entre toutes les communes de la
colonie.

C'est en Algérie que ce droit a été établi

pour la première fois ; il fut créé en 1830 pour remplacer l'octroi de terre perçu, depuis la conquête, aux portes d'Alger par les soins de la municipalité indigène.

De l'Algérie, l'*octroi de mer* passa dans nos colonies des Antilles et de la mer des Indes : il fut successivement établi à la Guadeloupe, par arrêté du gouverneur du 8 novembre 1848 ; à la Martinique, par arrêté du 11 juin 1849, et à la Réunion, par arrêté du 13 décembre 1850.

La légalité de ce dernier arrêté fut attaquée dès 1851 en ce qui concerne les tabacs : MM. Lacaussade et Cie refusèrent de se soumettre à ces taxes et firent opposition aux contraintes décernées contre eux, en se fondant sur ce que les droits réclamés étaient des droits de douane. Le tribunal de première instance de Saint-Denis fit droit à leurs prétentions par jugement du 17 juillet 1852, mais ce jugement fut infirmé par arrêt de la cour de la Réunion du 8 août 1857. Cet arrêt fut cassé par la cour de cassation, le 7 mai 1861.

Encouragés par ce succès, les commerçants de la Réunion suscitèrent d'autres
réclamations qui prirent bientôt un développement inquiétant pour les finances de la
colonie : le 31 janvier 1862, les chefs de
29 maisons de commerce firent défense au
directeur des douanes de continuer à leur
égard la perception des droits d'octroi de
mer établis par les arrêtés des 13 décembre
1850, 15 octobre 1851 et 30 octobre 1861,
dont ils niaient la légalité, et l'assignaient,
en outre, en restitution des sommes perçues
en exécution de ces arrêtés.

Ces demandes furent d'abord rejetées
comme non recevables et mal fondées par
jugement du tribunal de Saint-Denis du
17 mars 1862, confirmé sur appel par arrêt
de la cour de la Réunion du 12 mai 1864.
Mais cet arrêté fut cassé par la cour de cassation, le 19 février 1868,

C'est dans cet état de la jurisprudence
qu'est née l'instance qui va actuellement
recevoir devant la cour de cassation sa solution définitive. Un groupe de spéculateurs

a assigné en 1880 les communes de la Réunion en restitution de toutes les sommes perçues par elles du 1er janvier 1851 au 31 décembre 1867 sous le nom de droits d'*octroi de mer,* sur certaines catégories de marchandises à leur entrée dans la colonie.

A l'appui de cette réclamation collective, ils soutinrent comme les demandeurs antérieurs que les arrêtés de 1850 et de 1861 étaient entachés d'illégalité et d'inconstitutionnalité, et que par suite les droits avaient été indûment perçus. Les tribunaux de Saint-Denis et de Saint-Pierre, par jugements des 25 août, 22 et 28 décembre 1881, accueillirent cette demande et condamnèrent les communes à restituer tout ce qui leur avait été versé par le service local sur les fonds provenant de l'octroi de mer de 1851 à 1867, soit pendant une période de dix-sept années. La cour de Saint-Denis débouta les demandeurs de leurs principales prétentions le 8 juillet 1882; mais la cour de cassation, malgré les conclusions contraires de M. le procureur général Bau-

16

douin, cassa l'arrêt de la cour de la Réunion, dans son audience du 11 mars 1885. L'affaire fut renvoyée devant la cour de Paris, qui, par arrêt du 20 juillet 1867, donna également gain de cause au syndicat contre les communes.

C'est contre ce dernier arrêt qu'il vient d'être formé pourvoi devant la cour de cassation, qui statuera cette foi, toutes chambres réunies. L'énumération, un peu longue peut-être au gré de nos lecteurs, des jugements et arrêts qui ont précédé l'arrêt définitif que la cour suprême va être appelée à rendre, montre assez combien, au point de vue purement juridique, la question est incertaine et douteuse. Qu'est-ce qu'un droit de douane? Qu'est-ce qu'un droit d'octroi? En quoi l'octroi diffère-t-il du droit de douane? En quoi du droit d'octroi proprement dit? Ce sont là des points que le législateur a négligé de préciser. On pourrait entasser dissertation sur dissertation, subtilités sur subtilités, on ne suppléera pas à ce silence. En créant l'*octroi de mer*, on ne s'est préoc-

cupé que de mettre entre les mains des autorités locales des colonies le moyen de créer,
au profit des budgets communaux, les ressources qui leur étaient indispensables et
d'en assurer la perception de la manière la
plus simple, la mieux adaptée à la configuration géographique de nos possessions
d'outre-mer. Ces droits se confondaient-ils
avec les droits de douane? Empêchaient-ils
d'assurer aux produits métropolitains le régime de protection qui leur est dû? Nulle-
ment; l'expérience l'a démontré. La douane
et l'octroi de mer ont coexisté sans que personne fût fondé à s'en plaindre.

Qu'on admette donc que l'octroi de mer
n'est ni un droit de douane, ni un droit d'octroi, mais un droit d'une nature spéciale
qu'on a oublié de définir, mais qui prouve sa
viabilité par son existence même et par les
services qu'il rend : que la cour de cassation admette ce point de vue pratique, qui
était celui du procureur général Baudouin
et la question sera résolue, *en droit* d'une
manière tout aussi satisfaisante que par les

considérants contradictoires de la cour de Paris, *en fait* de la seule manière qui soit honnête et morale. Il serait, en effet, profondément immoral de voir les finances de nos colonies, déjà plus qu'à moitié ruinées, livrées en proie à une bande noire qui exploite les textes législatifs comme d'autres exploitent les grandes routes.

Il est un principe qui domine toute la matière et qui, en dehors de toute considération juridique, prévaudra, nous en sommes convaincus, devant la cour de cassation. Ce principe est qu'il n'est dû de réparation qu'à celui qui a subi un préjudice. Or, dans l'espèce, est-ce que les commissionnaires qui demandent la restitution des droits les ont réellement et effectivement payés? N'est-il pas évident, certain, incontestable, qu'ils les ont fait supporter aux consommateurs par une surélévation des prix de vente? On arrive donc à cette conséquence monstrueuse: Qui a payé les droits en litige? Le contribuable des communes de la Réunion. Qui devra rembourser les droits dont le syndicat réclame la restitution? Celui qui les a payés une première fois : le même contribuable des communes de la Réunion.

La cour de cassation refusera, nous voulons l'espérer, d'encourager une semblable spoliation.

Juin 1888.

LA QUESTION DES MARINES A LA RÉUNION

LA QUESTION DES MARINES A LA RÉUNION

Le *Journal officiel* du 1er juillet a promulgué la loi portant ouverture au ministre de la marine et des colonies d'un crédit supplémentaire de 1,017,655 francs pour le chemin de fer et le port de la Réunion. Ce crédit permettra de payer aux porteurs d'obligations de l'ancienne Compagnie le coupon qui est venu à échéance le 30 juin. Ce n'est pas, comme on le sait, sans de vives récriminations que la Chambre des députés a accueilli la demande qui lui était présentée par le gouvernement. On comprendra sans peine son hésitation, si l'on considère que le crédit nouveau (1,017,655 francs), additionné à celui qui figurait déjà au budget colonial de 1888 (1,311,500 francs), porte à 2,329,155 francs la dépense totale afférente à une garantie d'intérêt qui, d'après les déclarations faites à l'origine par les promoteurs de l'entreprise, devait être purement nominale.

Nous ne reviendrons pas sur l'historique de la conception et de la construction de ce fameux port de la Réunion. M. Camille Pelletan, M. Pierre Alype, M. Georges Périn l'ont fait à la tribune, et, quelque surprenant que soit le récit qu'ils ont présenté, il n'y a guère d'exagération à y relever.

La *Pointe-des-Galets*, — où la découverte d'un banc de galets a si fort déconcerté les ingénieurs chargés des travaux — la *Pointe-des-Galets* et le chemin de fer qui relie aux autres parties de l'île ce promontoire désolé, ont absorbé la jolie somme de 60 millions, dont 5 millions fournis par les actionnaires de la Compagnie et le reste par l'État. La Compagnie a aujourd'hui disparu; elle a laissé l'État propriétaire de 120 kilomètres de chemin de fer, d'un matériel d'exploitation, d'un port bien construit mais insuffisamment muni de magasins, d'appontements et d'appareils accessoires : voilà l'actif. Le passif, c'est pour quatre-vingt-dix-neuf an-

nées, à dater de la concession, la charge
d'assurer un service d'intérêts et d'obligations, qui se traduit par une dépense annuelle
de 2,495,000 francs. Telle est la situation
créée par les conventions que les Chambres
ont approuvées en 1877 et en 1884. Tous les
discours du monde n'y changeront rien. La
Chambre peut jurer — et elle fera bien de
tenir parole — qu'on ne l'y prendra plus :
mais en attendant il faut payer. L'État ne
peut pas plus se soustraire aux engagements
contractés avec les obligataires du chemin
de fer et du port de la Réunion qu'il ne peut
refuser le payement de la rente.

Ce serait la banqueroute. M. de La Porte
a dit le mot à la Chambre et la Chambre
lui a donné raison en votant le crédit la
mort dans l'âme.

Mais s'il n'y a pas à revenir sur le passé, il
y a lieu de se préoccuper de l'avenir. Ce
port, qui devait ne rien coûter et qui coûte si
cher, s'il était bien exploité ne pourrait-il
pas donner des recettes suffisantes pour couvrir une partie au moins de la charge énorme

qui incombe à l'État? La réponse ne serait pas douteuse si la Pointe-des-Galets bénéficiait de tout le mouvement commercial de l'île qui est de 130,000 tonnes. Malheureusement 26,000 tonnes seulement profitent, quant à présent, au port. Le reste, c'est-à-dire tout le trafic des voiliers, ce sont les *marines* et le petit port de Saint-Pierre qui l'absorbent.

On désigne sous le nom de *marines*, à la Réunion, des sociétés de batelage qui font en rade, à l'aide de chalands, le chargement et le déchargement des navires. Leur matériel se compose à terre d'un appontement où accostent les chalands et de magasins où les sucres provenant des usines ou des plantations voisines attendent leur embarquement. Appontements et magasins sont établis en vertu d'autorisations purement temporaires sur la partie du domaine public désignée sous le nom de *pas géométriques*. Les *pas géométriques*, ou, suivant le terme employé dans les anciennes ordonnances, les *Cinquante pas du Roy*, forment, tout autour de l'île,

sur le rivage de la mer, une réserve inalié-
nable dont l'État peut reprendre possession,
sans indemnité préalable, toutes les fois que
l'intérêt de la défense ou des services publics
l'exigent.

« Il pourra, dit l'article 10 du décret colonial du 5 août 1839, être accordé par le
gouverneur des permis d'établir sur les terrains formant cette réserve, lorsque ces terrains ne seront pas nécessaires *au service
public*.

« Ces permis seront délivrés sous la condition expresse de déguerpissement, sans
indemnité, à la première réquisition. »

L'État peut-il s'appuyer sur la précarité
des droits de jouissance ainsi concédés aux
marines pour en poursuivre l'expropriation?
La question est discutable et peut être envisagée à différents points de vue.

En droit strict, il est peut-être difficile de
dire que les terrains occupés par les marines
sur les pas géométriques sont devenus nécessaires à *un service public*. Même en considérant comme tels le chemin de fer et le port

17

de la Réunion, ce qui pourrait être contesté,
il ne serait pas exact de prétendre que les
installations matérielles des marines entra-
vent le fonctionnement de ce service.

Ce qui est gênant pour l'État, c'est la concurrence faite par les marines, c'est la guerre
de tarifs qu'elles font au port, dans une lutte
pour l'existence où elles ont pour elles l'appui
de tous les propriétaires sucriers de l'île, des
membres du conseil général, et peut-être,
c'est là le côté délicat de la question, de la
plupart des hauts fonctionnaires de l'administration locale. Tous sont plus ou moins
actionnaires des marines, alliés ou parents
de personnes que léserait dans leurs intérêts
la suppression de ces établissements.

Et cependant la disparition des marines
était une des conséquences prévues, on peut
même dire désirées, de la construction du
port. Quel a été le grand argument qu'ont
invoqué les représentants de la colonie pour
engager l'État dans une entreprise qui ne
devait lui profiter que très indirectement?
Un argument d'humanité tiré du danger que

faisait courir aux navires la pratique des
rades foraines, exposées aux cyclones qui
sont si fréquents et si redoutables dans la
mer des Indes. Dans la pensée de chacun,
les marines étaient appelées à disparaître le
jour où le port serait ouvert, de même que
les télégraphes à bras ont disparu devant
l'électricité et les diligences devant les chemins de fer.

Comment expliquer alors que cette conséquence prévue, inévitable d'une création que
la colonie a voulue, qu'elle a sollicitée,
qu'elle a réclamée comme indispensable à la
sécurité publique, soulève au sein même de
la colonie de si vives protestations? Toucher
aux marines! parler d'expropriation! Les
journaux de la Réunion crient à la spoliation, et ce mot se trouverait peut-être aussi
dans la bouche de très hauts fonctionnaires
de la colonie.

Eh bien! nous croyons que l'État ne peut
pas s'arrêter à ces doléances. Les marines
doivent disparaître, parce que, si elles ne
disparaissaient pas, le port n'aurait pas sa

raison d'être. On a fait le port précisément
pour supprimer les opérations dangereuses,
incommodes et coûteuses que pratiquent les
marines.

Mais pour arriver à ce résultat, contre lequel
personne n'est en droit de protester, il ne
faudrait pas, à notre avis, s'appuyer sur le
décret de 1839 dont nous avons cité le texte
plus haut. Aux colonies comme en France,
l'administration a le droit de n'autoriser
l'embarquement et le déchargement des navires que sur certains points déterminés du
territoire seuls ouverts à la navigation. Le
ministre de la marine et des colonies n'a
qu'à user de ce droit, qui, nous le répétons,
est incontestable, en décidant que les seuls
ports mis à la disposition du commerce à la
Réunion seront celui de la Pointe-des-Galets
et celui de Saint-Pierre.

Cette décision une fois prise, il restera à
examiner si, équitablement, les propriétaires
des marines ont droit à une indemnité. L'État
pourrait certainement se désintéresser de
cette question et laisser au conseil général

de la Réunion le soin de dédommager, s'il le juge à propos, les propriétaires des établissements de batelage. La colonie ne participe aux dépenses du port que par le paiement, pendant trente années, d'une minime subvention de 160,000 francs; le sacrifice que nous lui demandons n'aurait donc rien d'excessif. Toutefois il n'est pas impossible que l'exploitation du chemin de fer ait intérêt à utiliser une partie des magasins appartenant aux marines. On pourrait, par cette cession de matériel, justifier l'ouverture d'un crédit spécial au budget de l'État : mais il ne faut pas se dissimuler qu'il serait bien difficile d'obtenir des Chambres le vote de ce nouveau subside.

Juillet 1888.

GUYANE FRANÇAISE

LE CHEMIN DE FER DE LA GUYANE

LE CHEMIN DE FER DE LA GUYANE

S'il est une colonie qui semble justifier l'assertion banale que la France ne sait pas coloniser, c'est sans aucun doute la Guyane : nulle part peut-être la colonisation française ne s'est montrée aussi stérile. Tandis qu'à côté d'elle la Guyane hollandaise prospère, que la Guyane anglaise compte près de 300,000 habitants et voit son mouvement commercial dépasser 100 millions, la Guyane française ne possède pas d'autre industrie que l'exploitation de ses mines d'or. Les immenses richesses forestières du pays restent inexploitées, l'agriculture est morte, et l'on constate ce fait, véritablement incroyable, que dans un pays où se trouvent de vastes savanes, à côté de la province brésilienne de Para, qui s'enrichit par l'élevage du bétail, la Guyane ne produit même pas assez de viande pour la con-

sommation de ses habitants, et le gouvernement est dans l'obligation de nourrir ses
rationnaires avec des bœufs importés de
l'Orénoque.

Devenue depuis longtemps déjà colonie
pénitentiaire, la Guyane aurait pu trouver
un élément de prospérité dans un emploi
intelligent du travail des transportés. Mais
l'administration pénitentiaire a surtout
employé les forçats à des plantations
de sucre et de café, coûtant à l'État beaucoup plus qu'elle ne rapportent.

La main-d'œuvre pénitentiaire, en effet,
ne peut-être utilement employée qu'à l'exécution des travaux publics, notamment à la
construction de voies de communication,
qui rendent un pays neuf accessible à la
colonisation libre : la colonisation pénale
devient alors le pionnier qui prépare le terrain pour la colonisation libre.

Il est heureusement permis d'espérer que
les fautes du passé ne se reproduiront pas dans
l'avenir, et la Guyane va entrer bientôt réso-
solument dans la voie de la colonisation

rationnelle. Le conseil général de cette
colonie vient en effet de décider la construction d'une première ligne de chemin de fer,
d'une longueur de 41 kilomètres, qui, lon-
geant la côte, et traversant la partie la plus
peuplée de la colonie, reliera Cayenne au
pénitencier de Kouron. Il n'est pas douteux
que cette voie ferrée, en assurant aux produits du pays un mode de transport rapide
et peu coûteux, doive donner un vif essor à
la production, et notamment à l'industrie
forestière. Mais on pouvait craindre qu'à la
Guyane, comme cela a lieu trop souvent en
France, on ne voulût « *faire grand* », construire un chemin de fer à voie magistrale,
avec des ouvrages d'art aussi imposants que
coûteux, destinés à faire grand honneur à un
ingénieur, mais aussi à imposer de lourdes
charges au budget de la colonie.

Grâce à une sagesse digne des plus grands
éloges, cet écueil a été évité : Le conseil
général a adopté un projet très simple, présenté par un ingénieur distingué, M. Suais,
chef du service des travaux de la transporta-

tion, et qui semble remarquablement appro-
prié aux conditions économiques de la
Guyane. Non seulement on a écarté la voie
large de 1ᵐ,44, et même la voie d'un mètre
adoptée à la Réunion, en Cochinchine et au
Sénégal, pour choisir la voie étroite de 0ᵐ,75,
mais le chemin de fer sera construit sur l'ac-
cotement d'une route coloniale, qui relie
déjà Cayenne à Kouron : ainsi disparaissent
les frais d'achat de terrains, de nivellement
et de terrassement qui rendent si élevé en
France le prix de revient des chemins de fer
d'intérêt local.

Poser des rails sur la route, établir quelques ponceaux métalliques pour le passage
des cours d'eau, construire les bâtiments
d'exploitation, telles sont les seules dépenses
qu'entraînera le chemin de fer projeté.

A vrai dire, ce sera moins un chemin de
fer qu'un tramway à vapeur; mais le nom
ne fait rien à la chose, et une pareille voie
ferrée suffit amplement à tous les besoins
actuels du pays. Elle permettra en effet de
faire face à un trafic annuel d'au moins

20,000 francs par kilomètre, qui vraisembla-
blement ne sera pas atteint de longtemps. —
Dans ces conditions, la dépense totale de
construction du chemin de fer s'élèverait à
875,000 francs. Quant au trafic probable,
on estime que, dès le début de l'exploitation,
le chemin de fer transporterait annuellement
1,500 tonnes de marchandises et 12,000
voyageurs (ce chiffre nous paraît excessif, eu
égard à la faible population de la Guyane)
et que les recetes suffiraient pour couvrir les
frais d'exploitation, évalués à 65,000 francs.

Pour pouvoir exécuter ce premier tronçon
d'un futur réseau de voies ferrées, le conseil
général de la Guyane sollicite le concours
de l'État. La colonie s'engageant, pour sa
part, à fournir tous les terrains nécessaires
pour l'établissement de la voie et de ses
dépendances, et à contribuer aux dépenses
de matériel pour la somme de 500,000
francs, demande à l'État de faire exécuter
gratuitement par la main-d'œuvre pénale
tous les travaux de premier établissement,
et de participer pour une somme de 375,000

francs à l'acquisition du matériel. La ligne une fois construite serait exploitée directement par la colonie, qui s'oblige, pour le cas où les recettes ne couvriraient pas les frais d'exploitation, à prélever sur son budget les sommes nécessaires. Ultérieurement, les bénéfices résultant de l'exploitation du chemin de fer seraient partagés par moitié entre l'État et la colonie.

On voit que la convention projetée n'imposera pas à l'État de trop lourdes charges. L'exploitation devant être faite par la colonie, à ses risques et périls, l'État voit ses dépenses limitées, en quelque sorte à forfait, à l'infra-structure, qui ne saurait donner lieu à de graves mécomptes, puisqu'il s'agit d'une voie ferrée sur route, et à une somme de 375,000 francs. Nous croyons même savoir que ce chiffre pourra encore être réduit, les frais d'acquisition du matériel devant être moindres qu'on ne l'avait d'abord prévu. L'administration centrale des colonies accueillera sans nul doute favorablement une convention qui fait contribuer aux dépenses, dans une proportion équitable, la colonie et l'État; et l'on doit espérer que la construction de ces premiers chemins de fer aura pour conséquence un réveil de l'activité économique de la Guyane, et ouvrira pour cette France équinoxiale une ère nouvelle de progrès, de prospérité et de richesse.

Juillet 1888.

LA GUYANE CONTESTÉE

ENTRE LA FRANCE ET LA HOLLANDE

LA GUYANE CONTESTÉE

ENTRE LA FRANCE ET LA HOLLANDE

———

La question de délimitation des possessions françaises et hollandaises dans la Guyane n'a pu être tranchée jusqu'à ce jour, malgré les efforts tentés à diverses époques, tant par les gouverneurs respectifs des deux colonies que par les gouvernements métropolitains, pour arriver à un accord à l'abri de toute contestation. Le Maroni ayant été adopté de longue date comme limite naturelle des deux territoires, le différend provient de ce que deux cours d'eau alimentent ce fleuve et qu'on ne peut s'entendre pour déterminer lequel des deux est le Maroni et par conséquent la limite territoriale. En résumé, la situation est celle-ci :

Le Maroni traversant la Guyane du sud au nord pour aller se jeter dans l'océan Atlantique est formé, à un point de son parcours, par deux affluents, le Tapanahony venant du sud-ouest et l'Awa du sud-est. Ces deux cours d'eau forment ainsi un delta dont la possession est l'objet du litige.

Si, comme le prétendent les Hollandais, c'est l'Awa qui est le véritable fleuve, les possessions françaises seraient limitées à la rive droite de ce cours d'eau. Si, au contraire, comme nous l'avons toujours affirmé au moyen d'arguments qui paraissent des plus concluants, le Tapanahony et le Maroni ne forment qu'un seul et même fleuve dont l'Awa n'est que l'affluent, les deux rives de ce dernier font partie du domaine français ainsi que tous les territoires compris dans le delta. Le peu d'importance qu'a eue pendant longtemps la possession de ces vastes déserts explique l'indifférence dont avaient fait preuve jusqu'à présent les deux pays au sujet du règlement de cette question entamée depuis environ cinquante ans. Elle n'a pris un réel intérêt que lorsque des explorateurs français eurent constaté l'année dernière, dans le territoire en litige, la présence de gisements aurifères assez nombreux et assez riches pour devenir une source de profits sérieux.

Les négociations furent alors reprises entre les deux gouvernements, et comme elles menaçaient encore de se prolonger indéfiniment sans aucun résultat appréciable, la France et la Hollande ont pris le parti de mettre fin à l'amiable au différend qui existe entre elles, en laissant à un arbitre le soin de procéder à la délimitation dont il s'agit.

Tel est le but de la convention conclue à Paris le 29 novembre 1888 entre les plénipotentiaires français et hollandais, et approuvée depuis par les Chambres françaises et les États généraux des Pays-Bas.

Les ratifications de cet acte ayant été échangées à Paris le 17 juillet dernier, M. le président de la République en a prescrit la promulgation par décret du 30 juillet inséré au *Journal officiel* du 13 août.

En conséquence, les deux gouvernements vont se mettre d'accord sur le choix de l'ar-

bitre auquel ils communiqueront tous les
documents et toutes les données dont ils disposent, s'étant engagés d'avance à accepter
comme jugement suprême et sans appel la
décision que prendra cet arbitre, et à s'y
soumettre sans réserve.

C'est un pas nouveau dans la voie où les
nations civilisées semblent vouloir s'engager
de plus en plus.

L'arbitrage, bien que consacré depuis longtemps par d'heureuses et éclatantes applica-
tions, est resté, jusqu'à une époque relativement récente, à l'état de remède extrême
auquel on ne recourait qu'exceptionnelle-
ment, et non sans quelque défiance. Il tend
manifestement, depuis quelques années, à
s'introduire dans la pratique courante des
gouvernements et à devenir un principe de
droit international.

Comme le fait remarquer très justement
M. Frédéric Passy, dans son rapport à la
commission chargée de l'examen du projet
de loi portant approbation de la convention
dont nous nous occupons, c'est en grande

partie à la France que revient l'honneur de ce mouvement. C'est à la Conférence de Paris, en 1856, que l'on a vu « pour la première fois », suivant les propres paroles de M. Gladstone, « les principales nations de l'Europe articuler solennellement des sentiments qui impliquent, tout au moins, une désapprobation formelle du recours aux armes. »

La convention relative à la Guyane marque, suivant l'avis de M. Frédéric Passy, une nouvelle étape dans cette voie. « Elle tend à la fois, à l'honneur des deux gouvernements contractants, à resserrer, en prévenant toute cause de dissentiment entre eux, les liens d'amitié qui les unissent et à donner par leur accord et par leur exemple un gage de plus à la paix du monde. »

C'est attribuer, suivant nous, une importance un peu exagérée à l'expédient d'ailleurs très heureux auquel viennent d'avoir recours la France et les Pays-Bas, et nous ne croyons pas que le différend relatif à la délimitation des frontières franco-hollandaises dans la

18

Guyane ait jamais risqué de troubler la paix du monde ni de changer l'équilibre européen. En se prolongeant, sans d'ailleurs s'envenimer plus qu'il n'en valait la peine, ce différend aurait eu seulement pour résultat, et c'était déjà trop, de laisser en souffrance de sérieux intérêts commerciaux et industriels et de faire le jeu, comme nous l'allons voir, d'une troisième nation dont on connaît l'esprit envahissant.

Ainsi que nous l'indiquons plus haut, des explorateurs français avaient manifesté en 1888 l'intention de mettre en exploitation des gisements aurifères découverts dans le delta compris entre le Tapanahony et l'Awa. Les Hollandais ayant émis de leur côté des prétentions sur ces mêmes gisements, les deux gouvernements s'engagèrent très sagement, en vue d'éviter des conflits, à interdire respectivement à leurs nationaux l'exploitation des mines situées sur le territoire contesté, jusqu'à ce que la question de propriété fût définitivement tranchée. C'est alors que l'Angleterre, profitant de la situation, chercha à s'établir sur ces territoires et, tout récemment, un syndicat anglais (*The gold fields of French Guyana-Limited*) s'est constitué pour l'exploitation de terrains aurifères sur la ligne droite du Tapanahony. Les Anglais jouent là le même jeu qu'ils ont joué déjà dans cette même Guyane, comme nous le ferons voir quelque jour, sur les territoires contestés entre la France et le Brésil.

Il était de l'intérêt hollandais aussi bien que du nôtre de ne pas faciliter, par la prolongation de notre différend, l'intrusion de l'élément britannique sur des territoires où il n'a que faire, et l'arbitrage qui va résoudre la question de délimitation coupera court aux visées du syndicat anglais.

Le moment serait mal choisi pour discuter actuellement les droits respectifs de la France et de la Hollande sur les terrains compris entre le Tapanahony et l'Awa. Les arguments qui peuvent être invoqués de part et d'autre ont été sans aucun doute rassemblés avec le plus grand soin et seront soumis à l'arbitre qui est désormais le seul juge du débat.

Nous voulons toutefois, en rappelant sommairement l'origine de la question, signaler certaines considérations qui peuvent, à défaut de preuves matérielles, inspirer une solution équitable de la difficulté.

Prise en 1808 par les Portugais qui en restèrent maîtres jusqu'à la fin du premier Empire, la Guyane fut restituée à la France par le traité du 28 août 1817, en exécution de l'acte final du Congrès de Vienne. Quant à la délimitation de ses frontières, avant comme après notre rentrée en possession, le Maroni a toujours été accepté de part et d'autre comme la limite naturelle des deux colonies française et hollandaise; et ce qui tendrait à prouver que le Tapanahony a été considéré pendant longtemps comme constituant le véritable cours du Maroni, c'est qu'à diverses époques le gouvernement français fit, sur les territoires situés dans la bifurcation des deux affluents, des actes de possession qui ne furent jamais contestés par nos voisins.

Si l'on considère que le différend relatif
au véritable cours du Maroni n'a pris naissance qu'à une date relativement récente
remontant à peine à 1836, on ne peut contester l'autorité de documents anciens, qui
n'ont pu, par conséquent, être établis pour
les besoins de la cause, et qui viennent
appuyer avec beaucoup de précision les prétentions légitimes de la France. C'est ainsi
que sur une, carte de la Guyane dressée en
l'an X et dont quelques rares exemplaires se
retrouvent encore dans les bibliothèques
comme annexe aux Mémoires du citoyen
Malouet, le cours actuel du Tapanahony
porte le nom de Maroni et que, en regard du
point de jonction des deux cours d'eau, se
trouve une mention ainsi conçue :

« *Le cours du Maroni, qui sépare la
Guyane française de la Batave, est inconnu
au-dessus de l'embouchure de l'Araoua* (ou
Awa). »

Le fait même de parler de l'embouchure
de l'Awa, c'est-à-dire du point où ce cours
d'eau se jette dans le Maroni, démontre

18.

clairement qu'il était considéré, dès cette époque, comme un simple affluent, et que l'autre branche, c'est-à-dire le Tapanahony actuel, était bien, comme il est encore, le cours d'eau principal formant la délimitation des deux colonies, quoiqu'il fût encore inexploré.

Nous n'avons pas d'ailleurs à insister actuellement sur la valeur de ces arguments qui ont été certainement invoqués par les représentants de la France lors des négociations qui ont précédé la demande d'arbitrage. Ce qu'il nous reste à dire, c'est que la solution de la question pendante entre les deux nations n'est pas seulement désirable au point de vue de la propriété de gisements aurifères plus ou moins abondants. Il importe, dans l'intérêt même de la surveillance de notre colonie pénitentiaire, qu'il ne puisse subsister aucune incertitude ni aucune équivoque sur l'exacte délimitation de notre frontière. Nous pensons que ce résultat ne peut plus maintenant se faire bien longtemps désirer.   *Août 1889.*

OCÉANIE

L'AGRICULTURE EN NOUVELLE-CALÉDONIE

L'AGRICULTURE EN NOUVELLE-CALÉDONIE

———

Comme dans tous les pays neufs, les efforts de la colonisation en Nouvelle-Calédonie se sont portés, au début, vers l'agriculture. Des essais de tous genres ont été tentés, notamment par la transportation qui employa ses condamnés à la recherche des cultures qui pouvaient assurer l'avenir de la nouvelle colonie. Quelques colons, entraînés par l'exemple, se mirent à l'œuvre et successivement l'on arriva à produire de la canne à sucre, du maïs, des haricots, du café, du manioc, pour ne citer que les principales cultures. Puis le marché s'approvisionna peu à peu en légumes, sans attendre néanmoins une production ininterrompue puisque pendant la saison chaude, du mois de décembre au mois de mai, la colonie tire encore une partie de ses légumes de l'Australie.

On peut dire que depuis quinze ans, l'agriculture n'a pas fait un pas sensible en avant dans ce pays, et que les résultats énumérés plus haut n'ont guère été dépassés. Il y a deux à trois ans cependant, l'administration pénitentiaire a élargi ses expériences de viticulture, entreprises il y a sept à huit ans sur une petite échelle, et commencé des essais de culture de céréales et de graines oléagineuses.

L'idée qui a présidé à ces travaux est certes très louable et le but à atteindre plus séduisant encore. La Nouvelle-Calédonie reçoit, en effet, de l'extérieur, son vin et sa farine, cette dernière de l'Australie, et les sommes qui sortent des caisses de l'État et des particuliers de la colonie pour payer annuellement la fourniture de ces deux denrées de première nécessité atteignent trois millions de francs. On estime à trois millions de kilogrammes pour la farine et à deux millions de litres pour le vin, la consommation moyenne d'une année : la farine est payée, prix moyen, 360 francs la tonne; le vin 900 francs les mille litres.

Il y a là, évidemment, deux articles d'importation qu'il serait désirable de voir disparaître, et dans la production desquels la Nouvelle-Calédonie aurait une source assurée de profits sérieux. Mais si l'on examine les résultats obtenus par l'administration pénitentiaire, qui a seule les moyens de se livrer à d'aussi coûteuses expériences, on s'explique dans une certaine mesure l'hésitation des colons à entrer dans la voie que lui ouvre la transportation.

L'administration pénitentiaire avec ses agents de cultures, son nombreux contingent de condamnés, ses ressources budgétaires, son matériel et les terres qu'elle possède, avec aussi son caractère impersonnel qui l'affranchit de tout souci au point de vue du résultat commercial, de toute crainte de pertes, au point de vue « affaires », a donné à un certain nombre de champs soigneusement choisis, les façons nécessaires, y a semé du grain et a récolté quelques mille kilogrammes de froment et d'orge. Le grain a été moulu et la farine, soumise à l'épreuve

19

de la panification, a fourni un pain de bonne qualité.

En ce qui concerne le vin, les résultats n'ont pas été bien concluants : on a planté de la vigne à la ferme agricole de Koé, louée)ar M. Higginson à la transportation ; on a récolté quelques grains de raisin, on a fait quelques litres de vin de qualité absolument inférieure, et un seul colon, M. Voyer, a obtenu un raisin de table à peu près présentable.

En résumé, la Nouvelle-Calédonie ne paraît pas devoir s'enrichir jamais par la grande culture ; son sol contient des richesses minières incontestables, connues, vers l'exploitation desquelles l'activité des colons se portera de préférence, et avec fruit. La découverte de la houille vient donner une nouvelle force au courant d'idées favorable à l'industrie minière, et la main-d'œuvre, si difficile à trouver dans ce pays, ne peut être mieux employée qu'à l'exploitation des richesses dont nous venons de parler. L'État l'a bien compris ainsi en mettant largement la main-d'œuvre des transportés, par des contrats, à la disposition des sociétés et des parculiers qui s'occupent de mines.

Février 1888.

LE CHARBON EN NOUVELLE-CALÉDONIE

LE CHARBON EN NOUVELLE-CALÉDONIE

―――――

Au moment où toutes les mines de charbon d'Australie sont en grève, il nous paraît intéressant de donner à nos lecteurs quelques renseignements que nous recevons de nos correspondants de la Nouvelle-Calédonie sur les recherches houillères entreprises sur divers points de la colonie.

L'administration centrale des colonies a donné depuis longtemps déjà les instructions les plus pressantes aux gouverneurs de notre belle possession du Pacifique pour que les travaux de recherches fussent poussés avec la plus grande activité, et des chantiers ont été ouverts aux Portes-de-Fer et à Moindon où la présence de gisements avait été signalée.

Les travaux sont exécutés par la main-d'œuvre pénale sous la surveillance des agents militaires de l'administration pénitentiaire et sous le contrôle d'une commission composée d'ingénieurs, de notables et d'officiers en service dans la colonie.

Les résultats obtenus ne sont pas sans importance et permettent, dès aujourd'hui, d'affirmer que la houille existe en quantité assez considérable sur divers points de la grande terre.

Un nouveau bassin houiller vient d'être découvert à Voh, sur la côte ouest de la Calédonie, par des particuliers; les échantillons de charbon recueillis ont été reconnus, à l'analyse, supérieurs au point de vue de la qualité à la houille que la colonie reçoit de Newcastle (Australie).

Malheureusement les travaux de recherches opérés par la transportation sont exécutés avec lenteur. Les agents militaires qui surveillent cette main-d'œuvre ont bien de la bonne volonté, mais ne sont guère compétents; et il n'est personne qui ne sente le besoin urgent de confier la direction de ces travaux à des agents techniques, c'est-à-dire à des garde-mines. Ce serait là un sacrifice que devrait s'imposer le service local de la colonie, sacrifice bien minime eu égard aux résultats considérables qui peuvent en être la conséquence.

Il conviendrait également, puisque l'autorité locale de la Nouvelle-Calédonie, mieux placée que personne cependant pour donner aux recherches l'activité qui leur manque, n'arrive pas à mettre en train ces recherches d'une manière satisfaisante, que le ministère de la marine et des colonies donnât des instructions plus rigoureuses, plus formelles, pour que l'administration de la Nouvelle-Calédonie se mette résolument à l'œuvre et fasse connaître exactement où en sont les travaux qui ne sont pas sortis de la période des tâtonnements et des hésitations. Il ne manque pas de transportés inutilisés en Calédonie et l'on ne saurait mieux les employer qu'à ouvrir la voie à l'initiative privée qui n'hésitera pas à fonder alors l'industrie houillère dans la colonie. Ce jour-là, la Nouvelle-Calédonie deviendra un pays riche; elle s'affranchira du tribut qu'elle paye à ses voisins les Australiens; elle mettra l'État, qui

19.

conserve dans ses parcs, à Nouméa, un stock de charbon important, en mesure de faire une économie sérieuse; elle n'aura plus besoin de la subvention qu'elle reçoit de la métropole; elle fournira enfin du travail aux nombreux libérés actuellement inoccupés et qui ne tarderont pas à devenir un danger pour la colonie.

Nos correspondants nous promettent de nous tenir au courant de cette question du charbon sur laquelle nous aurons par suite occasion de revenir.

Décembre 1888.

LES ILES SOUS-LE-VENT

LES ILES SOUS-LE-VENT

En prévision du percement de Panama,
toutes les nations, notamment l'Angleterre,
l'Allemagne et les États-Unis, se sont préoccupées de se créer des points de relâche dans
le Pacifique. Mais aucune nation n'occupe à
ce point de vue une situation aussi privilégiée que la France. Maîtresse déjà de
Tahiti et Mooria, des Tuamotu, des Marquises, des Gambier, de l'île Rapa dont le
port en eau profonde a été convoité par
l'Angleterre, la France vient d'établir sa
souveraineté sur les îles Sous-le-Vent, dépendances naturelles des îles de la Société, mais
que les conventions diplomatiques passées
avec l'Angleterre en 1847 avaient laissé jusqu'à présent indépendantes.

On sait que ce n'est qu'à la fin de l'année
dernière qu'un arrangement intervint avec
le cabinet britannique pour régler définiti-

vement cette question et rendre à la France sa liberté d'action.

En exécution des ordres transmis par le ministre de la marine et des colonies, M. Lacascade, gouverneur des établissements français de l'Océanie, s'embarqua le 15 mars 1888 sur le croiseur *le Decrès*, pour procéder officiellement à la prise de possession de Raïatéa, Huahine et Bora-Bora, les trois îles principales du groupe des îles Sous-le-Vent.

Le 16 mars, le *Decrès* mouillait à Huahine et le gouverneur, au nom de la République, déclarait qu'il accédait à la demande formulée par la majorité de la population en vue d'obtenir l'annexion définitive de l'île à la France.

Trois heures après, le *Decrès* appareillait de nouveau et se dirigeait sur Raïatéa, où après un échange de vues entre le gouverneur et les chefs indigènes, les couleurs de l'île étaient amenées pour faire place au pavillon français arboré en tête du mât planté devant le palais du roi.

Bora-Bora devenait également terre française, avec le cérémonial de chants religieux et de prières qui est l'accompagnement forcé de toutes les solennités dans les archipels avoisinant Tahiti.

Le voyage du gouverneur se serait terminé de la manière la plus heureuse, sans un déplorable incident dont Huahine a été le théâtre quelques jours après l'annexion : On se souvient qu'à la suite d'un malentendu, un groupe d'indigènes se croyant menacé par la compagnie de débarquement du *Decrès*, fit feu sur le détachement que commandait l'enseigne de vaisseau Denot. Trois de nos marins et cet infortuné officier furent victimes de ce guet-apens. Hâtons-nous d'ajouter que le calme a été immédiatement rétabli dans l'île, sans nouvelle effusion de sang.

Nous croyons intéressant de donner quelques détails historiques et géographiques sur les trois îles principales du groupe des îles Sous-le-Vent :

Raïatéa-Tahaa est formée par deux îles

jumelles entourées d'une même ceinture de
récifs; elles étaient probablement autrefois
réunies par un isthme que l'affaissement gra-
duel de l'ensemble aura fait disparaître et
qui est aujourd'hui remplacé par un canal
navigable ayant 2 à 3 milles de largeur.
L'île de Raïatéa proprement dite compte
environ 1,200 habitants. Sa plus grande
longueur est de 14 milles du nord au sud; sa
plus grande largeur de l'est à l'ouest est de
9 milles. Ajoutons qu'elle est très fertile;
qu'elle a un excellent port, de plus en plus
fréquenté. L'île possède à Opoa un autre bon
port dans lequel les flottes les plus puissantes
pourraient être logées. Lorsque, en 1842,
nous avons pris possession du protectorat de
Tahiti, il nous eût été facile de mettre la
main sur Raïatéa. Malheureusement l'intérêt
considérable que nous avions à cette prise
de possession ne fut pas compris à cette
époque. En 1847, le roi Louis-Philippe, toujours enclin à satisfaire l'Angleterre, con-
sentit à signer une convention en vertu de
laquelle les deux nations s'engageaient réci-

proquement à respecter les îles Sous-le-Vent.

Cette situation fut troublée en 1878 par les Allemands qui proposèrent à la reine d'Huahiné la signature d'un traité, grâce auquel, sous prétexte de commerce, ils auraient pu intervenir dans les affaires du gouvernement local. La tentative échoua et la France en fut directement prévenue par les autorités indigènes; des pourparlers non suivis d'effet s'engagèrent alors entre la France et l'Angleterre, en vue de modifier la convention de 1847. Mais, en 1880, les chefs de Raïatéa, de Tahaa et les chefs des autres îles ayant demandé le protectorat de la France, M. Chessé, commissaire de la République, leur fit répondre que la France leur accordait son protectorat provisoire et sous réserve de l'annulation de la convention de 1847. Il informait en même temps de cette réponse tous les consuls européens dont un seul, celui d'Angleterre, formula des protestations. Notre pavillon n'en fut pas moins hissé dans l'île. L'Angleterre, émue, adressa des plaintes à notre ministre des affaires étrangères qui désapprouva la conduite tenue par le commandant des établissements français en Océanie. Peu de temps après, le commandant d'un navire anglais exigeait que notre pavillon fût amené et faisait hisser à sa place le pavillon de la reine de l'île. Ce fut autour de notre ministre des affaires étrangères de protester et notre drapeau ne tarda pas à flotter de nouveau sur Raïatéa. Enfin, le 25 mai 1881, notre gouvernement se mit d'accord avec l'Angleterre au sujet d'un protectorat provisoire sur les îles Sous-le-Vent, et par une convention du 17 décembre 1885 obtenait que l'Allemagne renonçât formellement et définitivement à toute prétention sur ces îles.

Août 1888.

LE PROTECTORAT FRANÇAIS

DANS LES ILES TUBUAÏ

LE PROTECTORAT FRANÇAIS

DANS LES ILES TUBUAÏ

———

Nous avons annoncé dernièrement, comme la plupart de nos confrères, que les îles de Rurutu et de Rimatara (archipel de Tubuaï, en Océanie) venaient d'être placées sous le protectorat de la France. Il n'est pas sans intérêt d'examiner à quelle occasion et dans quelles conditions s'est effectuée cette consécration officielle d'un état de choses qui existait depuis longtemps en principe.

C'est en 1842 que le royaume de Tahiti avec ses dépendances fut placé par Pomaré sous le protectorat français, et aucune modification ne se produisit dans la nature de nos relations avec ce royaume insulaire jusqu'en 1880, époque à laquelle le roi Pomaré V ayant cédé à la France tous les territoires dépendant de la couronne de Tahiti, cette île et les archipels qui en dépendent, c'est-à-dire l'archipel des Tuamotu et celui des Tubuaï, furent déclarés colonies françaises. (Loi du 30 décembre 1880.)

Or, l'archipel de Tubuaï, situé à 120 lieues marines au sud de Tahiti, se compose de quatre îles principales qui sont : Tubuaï, Raïvavae, Rurutu et Rimatara. Il est vrai que le pavillon du protectorat n'avait été arboré jusqu'à présent que sur l'île Tubuaï (1847) et sur l'île Raïvavae (1861), et que les deux autres îles principales du groupe, quoique visitées de distance en distance par nos bâtiments, sont restées pendant toute cette période en dehors de l'action directe du protectorat, mais ce délaissement apparent ne pouvait porter atteinte à nos droits acquis sur l'archipel entier des Tubuaï.

Il est assurément regrettable que, soit par indifférence, soit par des raisons d'économie mal entendue, la France se soit trop souvent abstenue d'affirmer ses droits et d'établir sa domination effective sur certaines possessions qui s'étaient données volontairement à elle. Cet état de choses provenait de la fâcheuse tendance qu'a eue pendant trop longtemps notre administration coloniale à tenir peu de compte des possessions lointaines qui ne pouvaient procurer à la métropole ni une extension immédiate de son commerce extérieur, ni des facilités pour sa marine au point de vue des ravitaillements et des points de relâche. Mais le moment serait mal choisi pour de telles récriminations alors que l'administration coloniale actuelle, fortement reconstituée et ayant conquis son autonomie, se montre soucieuse, en toute occasion, d'assurer et de développer notre influence extérieure sur tous les points du globe.

Dans le cas particulier qui nous occupe aujourd'hui, on ne peut soutenir évidemment que la possession des îles Rurutu et Rimatara, qui font peu de commerce et sont d'un abord assez difficile, soit pour la France d'une importance capitale; mais il n'est jamais indifférent pour une grande puissance maritime d'être maîtresse d'un groupe d'îles qui peuvent constituer pour elle, à un moment

donné, une force véritable, et telle est la
situation qui nous est faite dans le sud de
l'océan Pacifique par la possession des îles
Marquises, des îles Tuamotu, des îles Gambier et de l'archipel de la Société, des îles
Sous-le-Vent et des îles Tubuaï. L'avantage
d'une semblable situation dans ces parages
est suffisamment démontré par les négociations diplomatiques entamées entre les diverses puissances sur la question des îles
Samoa, au sujet desquelles une entente n'a
pu encore s'établir.

Quant aux îles Rurutu et Rimatara, elles
étaient depuis longtemps l'objet des visées
des Anglais; il est permis de présumer que
nos voisins d'outre-Manche en auraient
accepté volontiers le protectorat si nous
n'avions pas affirmé fort à propos les droits
que nous avons sur ces îles depuis près de
cinquante ans et qui découlent d'une manière
plus expresse de l'annexion à la France,
effectuée en 1880, de tous les territoires dépendant de la couronne de Tahiti.

La reconnaissance officielle de notre protectorat a été effectuée le 27 mars dernier dans l'île Rurutu par M. Lacascade, gouverneur des établissements français de l'Océanie, en présence du roi et de son gouvernement.

Le pavillon du protectorat, formé de l'ancien pavillon de Rurutu, surmonté, à son angle supérieur, des couleurs françaises, a été arboré aux cris répétés de : Vive la France! Vive Rurutu! et salué de vingt et un coups de canon tirés par l'aviso français *la Dives*.

Une cérémonie analogue a eu lieu le 29 mars à l'île de Rimatara. L'état de la mer n'ayant pas permis de débarquer dans la journée, le nouveau pavillon fut confié aux autorités du pays qui, à un signal convenu, l'arborèrent au mât situé en face de la case royale. Il fut immédiatement salué de vingt et un coups de canons par *la Dives*.

Juin 1889.

———✳———

RÉGIME DOUANIER

DES COLONIES FRANÇAISES

RÉGIME DOUANIER

DES COLONIES FRANÇAISES

Il ne se passe guère de semaine sans que
le gouvernement ne soit saisi de délibérations
d'une ou de plusieurs Chambres de commerce émettant le vœu que le tarif général
métropolitain soit appliqué aux produits
étrangers importés dans les colonies françaises. L'avant-dernière loi de finances a
donné à ces desiderata une satisfaction par-
tielle en rendant le tarif général applicable
à toute l'Indo-Chine française, Cochinchine,
Cambodge, Annam et Tonkin. Dans d'autres
colonies, on n'a pas attendu l'intervention
du pouvoir législatif pour entrer dans la voie
de la protection de l'industrie nationale. Dès
1884, les conseils généraux de la Martinique,
de la Guadeloupe et de la Réunion avaient
adopté des tarifs douaniers assurant, dans
une mesure inégale, des avantages sérieux

20.

aux producteurs métropolitains. Au Gabon, le décret du 27 août 1884 frappait de droits élevés les importations étrangères et accordait une détaxe de 60 0/0 aux objets et denrées de provenance française.

Nous sommes loin de critiquer ces mesures, nous reconnaissons, avec la presque unanimité des Chambres de commerce, qu'il y aurait intérêt à les compléter, à les étendre à toutes nos possessions d'outre-mer, et nous ne verrions aucun inconvénient à ce que le Parlement reprît, en ce qui concerne le régime douanier de nos colonies, les prérogatives que lui a fait perdre le Sénatus-Consulte impérial du 4 juillet 1866. Mais cela à une condition : c'est qu'il y ait réciprocité pour les colonies et que les produits provenant des possessions françaises ne soient pas traités en France comme des produits étrangers.

On nous répondra que la règle posée par le Tarif général (loi du 7 mai 1881) est toute différente; que les marchandises originaires des colonies françaises, entrent en franchise, sauf quelques exceptions inscrites dans un tableau annexé à la loi.

Ce principe existe, nous ne le contestons pas, et il profite à quelques producteurs coloniaux, ou pour mieux dire à une seule catégorie de producteurs coloniaux : aux fabricants de rhum. Car par une circonstance bien défavorable pour nos établissements d'outre-mer, il se trouve que, à part le rhum, qu'on a sans doute oublié, le tableau des exceptions à la règle contient tous les produits qui peuvent venir des colonies. La nomenclature n'est pas très longue, mais elle est complète. Les produits importés de nos colonies, qui sont traités en France comme s'ils étaient importés de l'étranger, sont le sucre et les préparations du sucre, le cacao, le chocolat, le café, le poivre, le piment, le girofle, la cannelle, les amomes et cardamomes, les muscades, le macis et la vanille.

Le régime douanier de nos colonies pourrait donc, sous une autre forme, se libeller en deux articles :

Article 1er. — En principe, les produits de nos colonies sont assimilés aux produits français.

Art. 2. — En fait, les produits de nos colonies sont traités comme s'ils venaient de l'étranger.

Nous n'hésitons pas à dire que c'est là une législation qui a fait son temps, qu'il convient de réviser sans retard, que la Métropole ne peut en même temps imposer aux colonies, chez elles, un régime de faveur pour les marchandises venant de France et grever de droits très lourds les produits que les colonies pourraient lui envoyer en échange.

Sans revenir au *pacte colonial* qui impliquerait des prohibitions incompatibles avec les idées modernes, il y a lieu d'établir entre la France et ses colonies un régime de sage et libérale réciprocité commerciale; les colonies sont entrées les premières dans cette voie; elles sont prêtes à accepter patriotiquement tous les sacrifices que leur demandera la Métropole pour créer à l'industrie nationale de nouveaux débouchés; que le gouvernement, que les Chambres, en revanche, leur donnent les moyens de lutter contre la crise sucrière sous laquelle elles succombent.

La Martinique, la Guadeloupe, la Réunion ne produisent plus de café parce que leur débouché naturel, qui est le marché métropolitain, leur est fermé par des droits exorbitants. Les cafés payent 156 francs par 100 kilogrammes, c'est-à-dire un droit de 100/100 sur la valeur de ce produit; les cacaos sont frappés d'un droit de 104 francs; la vanille de 416 francs; le poivre, le girofle, le cardamome de 208 francs. Ce sont ces produits qu'il s'agirait de dégrever, soit en totalité, soit tout au moins partiellement. Le développement des cultures dites secondaires, c'est le salut, c'est la richesse pour les colonies intertropicales : mais il faut que le développement de ces cultures qui exigent du temps et des soins pour donner des résultats soit rendu possible par l'abandon du régime fiscal qui actuellement étouffe leur essor. Nous essayerons de démontrer qu'on peut obtenir ce résultat sans diminuer les recettes du budget métropolitain et sans imposer au consommateur français des charges exagérées.

Nous avons signalé l'importance vitale qu'aurait pour nos colonies sucrières le développement des cultures dites secondaires : café, cacaos, vanille, etc. Si ces cultures, autrefois prospères, périclitent et tendent à disparaître aux Antilles et à la Réunion, c'est que les produits de nos colonies ne trouvent plus sur le marché métropolitain, écrasés qu'ils sont par les droits exorbitants du tarif général, le débouché qui leur était précédemment assuré. De là, double préjudice : ruine des colonies, où la monoculture du sucre n'est plus rémunératrice; diminution sensible pour la métropole du commerce qu'elle faisait avec ses colonies.

Voyons, par exemple, ce qui se passe pour le café, la plus importante de ces cultures dites secondaires. En 1856, la Guadeloupe produisait 4 millions de kilogrammes; en 1885, la production n'était plus que de

500,000 kilogrammes. Même diminution pour la Martinique et la Réunion.

C'est qu'en effet, les producteurs de nos colonies françaises, grevés de lourds impôts, placés dans de mauvaises conditions au point de vue de la main-d'œuvre, ne peuvent lutter à armes égales contre des pays qui, comme le Brésil, grâce à la fertilité du sol, à la constitution de la grande propriété, — grâce surtout, il faut bien le dire, *au maintien de l'esclavage*, — inondent le monde de produits dont le prix de revient est extrêmement réduit. En 1885, le Brésil a produit 300 millions de kilogrammes de café, dont 60 millions importés en France.

Comme on l'a justement fait remarquer, en soumettant les cafés étrangers et le café de nos colonies au même régime fiscal, nous donnons une véritable prime au maintien de l'esclavage au Brésil. Ce n'est évidemment pas le but que s'est proposé le législateur, et il est temps de réagir contre cette conséquence imprévue de notre législation.

Le remède à cette situation est connu ; la

Chambre a été saisie à différentes reprises de propositions qui l'indiquaient : En 1885, par M. Félix Faure, en 1887, par deux propositions dues, la première à l'initiative de MM. de Mahy et Dureau de Vaulconte, députés de la Réunion, la seconde de MM. Sarlat et Gerville-Réache, députés de la Guadeloupe, et Hurard, député de la Martinique.

Par des moyens différents, ces trois projets aboutissaient à un même résultat : établir une différence entre les droits que payent à l'entrée en France les produits de nos colonies et les droits que payent les produits similaires étrangers.

Jusqu'à présent le gouvernement, à qui il appartiendrait de prendre en mains la solution de cette question, n'a pas fait connaître son opinion, et les propositions de MM. de Mahy, Dureau de Vaulconte, Sarlat, Gerville-Réache et Hurard ont eu le sort de la plupart des propositions émanant de l'initiative parlementaire; elles dorment en attendant le coup de baguette magique qui les fera inscrire à l'ordre du jour de la Chambre.

Il est à remarquer que ce que demandent les représentants les plus autorisés des colonies, ce que nous demandons avec eux, ce n'est que le retour au régime qui, de 1861 à 1871, a été en vigueur pour les denrées coloniales originaires des possessions françaises.

Pendant cette période le pacte colonial n'existait plus ; les colonies n'étaient plus, comme précédemment, forcées d'importer de France tous les produits nécessaires à leur consommation et de n'exporter qu'à destination de la métropole, les denrées de leur cru. Cependant les produits des Antilles et de la Réunion, les sucres, les cafés, les cacaos bénéficiaient à l'entrée en France de détaxes qui, au taux relativement peu élevé des droits, peuvent être considérées comme importantes.

A cette époque le droit sur les sucres était par 100 kilos, de 37 francs ; la détaxe accordée aux sucres coloniaux de 5 francs.

21

Le droit. sur les cafés de 36 francs, la détaxe de 14 fr. 40.

Le droit sur les cacaos de 20 francs, la détaxe de 5 francs.

Quant à la vanille elle entrait en franchise.

Ce n'est qu'en 1871, quand les désastres de la guerre nécessitèrent l'établissement de droits très élevés sur les denrées coloniales, qu'on supprima les détaxes dont jouissaient les produits de nos colonies. Mais il ne faut pas oublier que cette mesure n'est intervenue qu'après que les conseils généraux des Antilles, usant — ou plutôt abusant — des pouvoirs qui leur avaient été conférés par le sénatus-consulte de 1866, eurent voté la suppression des tarifs douaniers qui protégeaient les importations françaises. Dès 1868, le ministre du commerce, critiquant très vivement cette mesure, que le département de la marine avait fait approuver par décret impérial, sans son avis préalable, faisait entrevoir que la suppression des douanes aux colonies aurait pour contrepartie la suppression des détaxes et immunités dont jouissaient en France les produits coloniaux: « Ces détaxes, disait la lettre ministérielle, n'avaient puisé leur raison d'être que dans un contrat bilatéral aujourd'hui rompu. »

C'est cette considération qui a été invoquée, en 1871 et en 1881, pour justifier le traitement imposé aux produits originaires des colonies françaises.

Aujourd'hui, la situation est toute différente : les droits de douane, protecteurs de l'industrie nationale, ont été rétablis spontanément aux Antilles et à la Réunion, imposés d'office par le Parlement à toute l'Indo-Chine. N'est-ce pas le moment d'en revenir au contrat bilatéral, dont parlait M. de Forcade en 1868.

Il nous reste à examiner sous quelle forme les produits secondaires pourraient être détaxés sans qu'il en résultât un préjudice pour le trésor. Deux systèmes ont été proposés : MM. de Mahy et Dureau de Vaulconte demandent une détaxe de 33 0/0 sur les droits actuels perçus sur les cafés et cacaos étrangers, une surtaxe de 416 francs sur les vanilles étrangères, et l'établissement d'une taxe nouvelle sur la vanilline. MM. Sarlat, Gerville-Réache et Hurard laisseraient substituer les droits actuels sur les produits coloniaux, mais demandent une surtaxe de 30 francs sur les produits similaires étrangers.

Nous serions, en ce qui nous concerne, partisans d'un troisième système, consistant à accorder en même temps une détaxe de 50 0/0 aux produits secondaires originaires des colonies françaises et à frapper les produits étrangers d'une surtaxe correspondant à la diminution de recettes qui résulterait de la détaxe.

Cette combinaison aurait l'avantage d'éviter toute perte pour le Trésor, ce qui serait l'écueil de la proposition des députés de la Réunion, et en même temps de limiter au strict minimum la charge imposée aux consommateurs par suite de l'augmentation des droits sur les denrées étrangères.

L'importance des cafés provenant des

colonies françaises est environ de un million de kilogrammes, sur une importation totale de 68 millions.

Supposons que grâce à la détaxe, les importations de nos colonies décuplent : c'est un résultat acquis qui ne sera pas immédiat, mais qu'il n'est pas téméraire de prévoir au bout de quelques années.

La perte qui résulterait pour le Trésor, comme conséquence de la détaxe, serait pour 10 millions d'importations, à raison de 0 fr. 78 par kilogramme, de 7,800,000 francs sur un produit total de 106 millions.

Pour que les droits perçus sur les importations étrangères, que nous supposons réduites d'un chiffre égal à l'augmentation présumée des importations de nos colonies (soit 58 millions au lieu de 67 millions), compensent cette diminution de recettes, il suffirait d'augmenter de 13 fr. 25 par 100 kilos le droit actuel; mettons en chiffres ronds 15 francs de surtaxe. Ce serait, on le voit, une majoration d'un dizième sur le droit actuel qui est de 156 francs.

Les droits sur les cacaos, le poivre, la vanille seraient augmentés dans la même mesure.

En résulterait-il une trop lourde charge pour le consommateur français? On n'hésitera pas à répondre négativement si l'on compare cette augmentation à celles dont ces mêmes produits ont déjà été frappés antérieurement, sans que la consommation se soit ralentie : le droit sur les cafés qui, avant 1870, était de 36 francs a brusquement été porté à 150 francs, puis à 156 francs. Qu'est-ce qu'une surtaxe de 15 francs comparée à cette majoration de 114 francs.

Que le gouvernement prenne l'initiative de ce projet, qu'il en fasse ressortir l'équité, la portée au point de vue du développement du commerce entre la France et les colonies, et nous ne doutons pas que les Chambres ne lui réservent un accueil favorable.

Juin 1888.

LA MAIN-D'ŒUVRE LIBRE

ET LA MAIN-D'ŒUVRE PÉNALE

LA MAIN-D'ŒUVRE

DANS LES COLONIES FRANÇAISES

LA MAIN-D'ŒUVRE

DANS LES COLONIES FRANÇAISES

La transformation qui s'est opérée depuis quarante ans dans le régime économique de nos possessions coloniales, par suite de l'abolition de l'esclavage, devait avoir comme conséquence naturelle une grande perturbation dans l'organisation du travail manuel. Les mesures prises depuis lors pour fournir des ouvriers en nombre suffisant aux plantations n'ont pas atteint jusqu'à ce jour le but qu'on s'était proposé.

Cette situation, défavorable à nos grandes colonies telles que la Réunion, la Martinique, la Guadeloupe, tient à diverses causes qu'il serait trop long d'énumérer ici; on peut signaler, néanmoins, comme origine de cet état de choses, le passage trop brusque du régime de l'esclavage à celui de la liberté sans limite. Tandis que dans les colonies

anglaises la transition avait été ménagée par
un apprentissage d'une dizaine d'années,
l'affranchissement français s'est effectué sans
préparation aucune, à la suite d'une résolu-
tion généreuse et humanitaire de la métropole. La nouvelle en a été jetée dans nos îles
par des navires de passage et, du jour au
lendemain, les nègres ont abandonné les
plantations et se sont répandus dans les immenses terrains vagues qui offraient un
aliment suffisant à leurs besoins très res-
treints.

De ce que le travail sur les plantations
leur était imposé la veille comme une obligation à laquelle ils ne pouvaient se soustraire, ils en ont conclu que ce travail était
incompatible avec la dignité de leur nouvel
état et ils ont adopté cette devise très expres-
sive dans sa concision et sa naïveté : « Moi
libre, pas travail. »

D'autre part, là où les esclaves n'abandonnaient pas d'eux-mêmes leurs maîtres,
certains propriétaires, se considérant comme
blessés dans leur amour-propre de blancs par

une décision qui élevait les esclaves à leur niveau, renvoyèrent leurs travailleurs.

Quoi qu'il en soit, pour suppléer à cette défection subite, nos colonies durent aller chercher des bras en dehors de leur territoire. Elles s'adressèrent d'abord à l'Afrique qui précédemment leur fournissait des esclaves, puis à l'Inde. L'immigration de ces travailleurs fut réglementée et placée sous la surveillance des autorités locales.

Sous l'influence du décret du 27 mars 1852 qui avait pour objet d'assurer autant que possible la liberté des contrats d'engagement, le bien-être des immigrants, leur sécurité dans la colonie et leur rapatriement, les agences de recrutement se multiplièrent et de très nombreux Africains et Indiens furent importés dans nos colonies. C'est la côte d'Afrique qui fournit les premiers contingents, mais les abus qui se produisaient ayant mis le gouvernement français dans l'obligation d'interdire l'émigration africaine, nos colonies durent chercher une nouvelle source de travailleurs dans l'Inde anglaise, l'Inde française ne fournissant pas un nombre de bras suffisant. Il en est résulté, de la part du gouvernement anglais, une série de protestations qui mirent la France dans l'obligation de conclure avec l'Angleterre les conventions de 1860 et 1861. Or, ces conventions, la dernière, notamment, dans son article additionnel, permettent au gouvernement anglais de disposer du sort de nos colonies au point de vue de la main-d'œuvre. Cet article donne, en effet, au gouverneur de l'Inde britannique, la *faculté de suspendre en tout temps l'émigration pour une ou plusieurs des colonies françaises.*

Cette faculté, le gouvernement des Indes en usa dès 1877 pour interdire l'émigration sur la Guyane, et en 1882 il appliqua la même mesure à la Réunion. Enfin, une décision récente prohibe l'émigration des Indiens pour toutes les Antilles françaises.

Dans ces conditions, on comprend quelle est la situation précaire des exploitations agricoles dans nos possessions coloniales. Si la Réunion s'est tournée du côté de Mozambique pour le recrutement de ses travailleurs, si la Guadeloupe se dispose à prendre des mesures analogues, il n'y a là qu'une ressource passagère qui peut faire défaut un jour ou l'autre. C'est ailleurs qu'il faut chercher le véritable remède au mal qui menace nos colonies dans leur existence même.

Ces colonies, en raison de leurs conditions climatériques, ne peuvent attirer qu'un nombre très restreint de Français ; la température y est généralement trop élevée pour que l'Européen puisse remplir dans les plantations un autre rôle que celui d'agent directeur de la culture. Mais les Antilles françaises et la Réunion sont surchargées de population et c'est à ces compatriotes lointains qu'il importe de faire comprendre leurs véritables intérêts s'identifiant avec ceux de la métropole.

Si, au moment où elles se sont vues en possession d'une liberté inespérée, les générations antérieures ont mal compris l'usage qu'elles en devaient faire, les créoles de nos jours n'ont plus d'excuse pour s'abandonner, comme le font la plupart d'entre eux, à une coupable oisiveté. Au lieu de vivre misérablement, sur leurs terres incultes, des quelques produits que leur fournit le sol, tels que l'igname, la patate, la banane, etc., qu'ils prennent exemple sur nos cultivateurs français qui font rendre à la terre tout ce qu'elle peut produire. Ceux-ci n'ont jamais cru que le travail fût une œuvre déshonorante; propriétaires du sol ou simples serviteurs à gages, tous concourent au bien-être commun et à la prospérité nationale.

Il dépend des créoles de nos possessions d'outre-mer d'assurer eux aussi l'avenir de leur pays natal en fournissant aux plantations les bras qui leur sont nécessaires et qu'il faut, depuis quarante ans, aller recruter au dehors. C'est à cette condition seulement qu'ils se montreront dignes de la liberté que la France a concédée à leurs pères, qu'ils mériteront les sacrifices faits par la mère patrie pour l'entretien et la défense de ses colonies. Si ces possessions lointaines s'abandonnaient elles-mêmes et menaçaient de

devenir dans quelques années des terres im-
productives, elles laisseraient croire au pays
qu'elles ne sentent pas tout ce qu'il y a d'honneur à porter le nom de Français et à s'a-
briter sous les plis de notre drapeau national.

Décembre 1888.

L'ÉMIGRATION

L'ÉMIGRATION

C'est le plus sóuvent chez les nations pauvres que se manifeste la tendance à s'expatrier, pour aller chercher au loin la fortune que ne peut donner à tous le sol natal, et généralement, on cède assez peu, en France, à ce genre d'entraînement. L'agriculture, l'industrie, sont chez nous assez prospères, pour que tout homme ayant la volonté de travailler trouve un emploi rémunérateur de ses forces et de son intelligence.

Toutefois, il s'est produit depuis quelques années telles circonstances qui ont déterminé une fièvre de déplacement inattendue chez des populations très calmes et peu disposées aux aventures.

Le phylloxera est une de ces causes et la ruine totale des propriétaires dans une partie de nos contrées vinicoles a engagé beaucoup de travailleurs à chercher ailleurs des moyens d'existence.

Ils sont devenus dès lors une proie facile pour les agents d'émigration, habiles à faire miroiter aux yeux des pauvres gens les avantages apparents des pays d'outre-mer.

Le mouvement d'émigration s'est surtout porté vers les États de l'Amérique du Sud et notamment vers la république Argentine.

Le gouvernement a compris la nécessité de prémunir nos nationaux contre un entraînement d'autant plus regrettable que nos possessions coloniales offrent des débouchés plus avantageux et préférables à tous égards pour les émigrants français que des raisons particulières poussent à quitter leurs foyers.

Le ministre de l'intérieur vient d'adresser, à ce sujet, une intéressante circulaire aux préfets des départements pour les engager à mettre en garde leurs administrés contre les sollicitations dont ils seraient l'objet de la part des entrepreneurs d'émigration.

« Les organisateurs de l'émigration dans la république Argentine, dit la circulaire, se préoccupent de peupler de vastes territoires déserts pour leur donner, par l'exploitation du sol, une plus-value. Leurs auxiliaires n'ont d'autres préoccupations que d'encaisser une prime sur les émigrants recrutés. L'expatriation de nos nationaux devient ainsi une affaire de spéculation. C'est toujours une entreprise sérieuse que de quitter sa patrie pour aller s'établir dans un pays dont on ignore les lois, les mœurs, les coutumes, le langage, les conditions économiques, et où tout est nouveau, jusqu'à la manière de se nourrir et de se loger.

« L'émigration prend les caractères d'une aventure pour les individus qui, comme la presque totalité des émigrants de la république Argentine, s'engagent, sur la foi de promesses d'emploi qui n'obligent que la loyauté de ceux qui les font, et ne peuvent être produites devant les tribunaux correctionnels ou civils. »

Le ministre constate, en effet, que, même lorsqu'il y a lieu de faire fond sur la sincérité de ces promesses, elles n'offrent qu'une garantie insuffisante, parce que, dans la république Argentine, comme dans les autres États, le travail subit la loi de l'offre et de la demande, et que, si l'émigration amène une surabondance de travailleurs, l'excédent sera fatalement réduit au chômage.

Et d'ailleurs, comme le fait remarquer très justement la circulaire ministérielle, les recruteurs d'émigrants pour ce pays exagèrent les avantages que les travailleurs peuvent y trouver. Le papier-monnaie en usage subit au change une dépréciation. Les salaires diffèrent et varient comme dans les autres pays, suivant les circonstances et les milieux, et là où le prix de la main-d'œuvre est plus élevé, la vie matérielle est plus chère.

Il ne paraît donc pas qu'il y ait intérêt pour nos nationaux, sauf dans quelques cas particuliers, à s'établir sur le territoire argentin.

Les émigrants qui acceptent l'avance qu'on leur propose des frais de transport, doivent se rendre compte qu'ils se lient

envers l'État argentin, deviennent ses obligés
en même temps que ses débiteurs, et aliè-
nent d'avance leur liberté d'action. Ils se
trouvent dès leur arrivée à la merci d'un
créancier tout-puissant avec lequel il leur est
impossible de débattre leurs intérêts. Quelques mauvaises récoltes suffiront pour les
mettre hors d'état de se libérer aux échéances
fixées et les maintenir dans cette sorte de
servitude. Il est utile d'appeler sur ces considérations l'attention des émigrants avant
qu'ils se soient déterminés à s'expatrier.

La conclusion à tirer des observations qui
précèdent est qu'il importe, non pas de réprimer, mais de diriger utilement les ten-
dances aventureuses de ceux de nos compatriotes que des raisons personnelles poussent
à quitter la métropole. Au lieu d'aller demander aux pays étrangers une fortune illu-
soire et une protection souvent insuffisante,
ils ont tout intérêt à mettre leurs forces et
leur bonne volonté au service de l'Algérie,
de la Tunisie, de l'Indo-Chine, de la Nouvelle-Calédonie et, en général, de toutes nos

possessions d'outre-mer où tout Français armé d'intelligence et d'énergie peut se faire une place honorable et se créer un avenir assuré.

Là, du moins, nos compatriotes ont droit de compter sur la protection des lois françaises, et c'est encore à l'abri du drapeau français qu'ils peuvent marcher à la conquête d'une fortune trop difficile à édifier dans la métropole. Cette considération a bien sa valeur et sera comprise de tous ceux qui, ayant vécu loin de la mère patrie, savent l'impression profonde qu'ils ont ressentie, dans les contrées lointaines, à la vue des trois couleurs nationales.

Avril 1889.

LA RELÉGATION DES RÉCIDIVISTES AUX COLONIES

LA RELÉGATION DES RÉCIDIVISTES

AUX COLONIES

Parmi les lois votées dans ces dernières
années, il en est peu qui aient réalisé une
réforme aussi importante que la relégation
des récidivistes, édictée par la loi du 27 mai
1885 : aucune, peut-être, ne devait soulever dans l'exécution de plus graves difficultés. Il était naturel qu'une vieille société,
en présence de criminels endurcis, rebelles à
tout travail, et qui semblent faire du crime
leur moyen d'existence, et de la prison leur
domicile, songeât à se débarrasser de ces
éléments vicieux en les expulsant à jamais
de son sein, et en les reléguant dans une
dépendance éloignée. Mais il ne suffisait pas
de décider, qu'après un certain nombre de
condamnations, les récidivistes seraient relégués à perpétuité dans une de nos colonies;
il fallait encore se préoccuper de régler leur

22.

sort dans ce nouveau milieu, tâcher d'utiliser leurs forces, leur travail pour le développement et le progrès de la colonie. Par
une opération assez semblable à celle de ces
grandes villes qui envoient les eaux de leurs
égouts sur des terrains stériles, qui acquiè-
rent ainsi une étonnante fertilité, si, en
reléguant les récidivistes, on expulsait de
France des ferments dangereux, il fallait
dans le lieu de relégation utiliser ces ferments, devenus des forces.

Mais comment parvenir à obtenir un travail utile d'hommes aussi paresseux que
vicieux? Comment organiser cette véritable
colonisation pénale, pour lui faire produire
des résultats utiles? Ici se présentaient les
difficultés les plus sérieuses, et elles paru-
rent si graves que les Chambres, après de
longues discussions, renoncèrent à résoudre
elles-mêmes la partie la plus délicate du
problème, et laissèrent au gouvernement le
soin de déterminer les lieux où seraient relégués les récidivistes, et de régler par des
décrets en conseil d'État les conditions des

relégués. Le pouvoir exécutif comprenant
toute l'importance de la mission que lui
donnait la confiance du Parlement, entre-
prit immédiatement d'assurer l'exécution de
la loi : deux de nos colonies, la Nouvelle-
Calédonie et la Guyane furent désignées
comme lieux de relégation, et il semble bien
que cette dernière, où se trouvent d'immenses régions presque inhabitées, des
richesses forestières considérables, dont
l'exploitation n'est entravée que par le
manque de bras, était en effet particulièrement propre à devenir un lieu de relégation.

Quant au régime, à la condition des relégués, ils ont été déterminés par de nombreux
règlements d'administration publique, qui
constituent un véritable code de la réléga-
tion, et la sagesse avec laquelle a été réglée
cette difficile question, montre une fois de
plus quels excellents résultats produit la
collaboration de l'administration active et
du conseil d'État.

Si foncièrement mauvais que soient en
général les relégués, on a pensé avec raison

qu'il ne convenait pas de les soumettre tous
au même traitement : dans cette tourbe, il
se trouve quelques éléments moins vicieux,
quelques relégués qui, transportés dans un
nouveau milieu, sont susceptibles de s'améliorer par le travail. Ceux-là ne seront
soumis qu'à la relégation individuelle, qui
leur permet de travailler pour les colons
libres et leur laisse une grande liberté.
Quant aux autres relégués, soumis au régime
de la relégation collective, ils seront astreints
à une rigoureuse discipline et au travail
obligatoire : les uns, les plus vigoureux et
les plus dociles, organisés en « *sections mobiles* » seront employés à exécuter des travaux publics ou à des exploitations agricoles,
minières ou forestières. Les autres seront
occupés dans des ateliers de travail, dirigés
par l'administration.

On ne saurait trop louer l'idée qui a présidé à l'organisation des « sections mobiles»,
et c'est évidemment de cette catégorie de
relégués que la colonisation tirera le plus
grand profit. La science pénitentiaire a re-

connu qu'on ne saurait mieux utiliser la main-d'œuvre pénale qu'en l'employant à l'exécution des travaux publics, ouverture des routes, construction des chemins de fer, etc. On prépare ainsi le territoire des colonies à recevoir les colons, et la colonisation pénale ouvre les voies, sert de précurseur à la colonisation libre, devant laquelle elle devra peu à peu disparaître, quand la colonie arrivera à l'adolescence.

Ainsi la loi avait posé le principe de la relégation des récidivistes aux colonies; les décrets en conseil d'État avaient réglementé d'une manière rationnelle et heureuse l'application de ce principe : restait à mettre en pratique les dispositions de la loi et des règlements, qui, si bonnes qu'elles fussent, devaient fatalement aboutir à de mauvais résultats si l'exécution était mauvaise.

A l'administration des colonies incombait la lourde tâche d'organiser le service tout nouveau de la relégation, d'assurer le transport et la réception de 1,800 relégués par an, de réaliser la distinction des trois régimes différents, auxquels ils doivent être soumis, enfin d'employer cette main-d'œuvre au mieux des intérêts de la colonie. Dès à présent, l'on doit reconnaître qu'elle s'est mise à l'œuvre avec une ardeur, une énergie, une habileté qui lui font le plus grand honneur, et l'on peut prévoir, qu'ainsi sagement réglementée et habilement mise en pratique, la relégation atteindra son triple but : amener une diminution de criminalité dans la métropole, faciliter l'amendement et le relèvement moral des récidivistes, enfin donner aux colonies de nouveaux éléments de prospérité économique.

Mars 1888.

LES COLONIES

A L'EXPOSITION UNIVERSELLE

L'EXPOSITION COLONIALE DE 1889

L'EXPOSITION COLONIALE DE 1889

Dès que l'Exposition universelle de 1889 fut décidée en principe et qu'un vote du Parlement eut officiellement fixé les moyens propres à en assurer le succès, l'Administration des Colonies se préoccupa de la part que nos possessions d'Outre-Mer devaient prendre à cette solennelle manifestation du travail et du progrès. Les Colonies furent invitées à constituer sans retard des comités locaux, et leurs commerçants, leurs industriels, leurs agriculteurs furent conviés à apporter à cette grande œuvre leur concours le plus actif. L'appel adressé par l'Administration à nos colons n'a pas été vain; de toutes parts on y a répondu avec le plus patriotique empressement. Les comités ont été constitués, des commissions techniques ont été organisées, les assemblées locales elles-mêmes ont tenu à honneur de s'associer à la Métropole, pour contribuer, par des sacrifices pécuniaires aussi considérables que pouvaient le leur permettre leurs ressources budgétaires, au succès de l'Exposition coloniale de 1889. Ce succès nous paraît dès aujourd'hui assuré : nous en avons pour garants le zèle dont nos colons ont fait preuve dès la première heure et l'activité déployée par l'Administration dans les mesures préparatoires qu'elle a dû prendre, pour aplanir les obstacles qui semblaient devoir s'opposer à la réalisation de ce projet.

La première idée dont s'est, dès le début, inspirée l'Administration des Colonies, c'est qu'il importait d'organiser l'Exposition coloniale de 1889 sur des bases tout à fait différentes de celles de 1878. Depuis cette dernière époque, en effet, il s'est produit au point de vue colonial une série d'évènements importants dont il était absolument nécessaire de tenir compte : de vastes et riches contrées ont été ajoutées au domaine de la France et placées, soit sous l'administration directe, soit sous le protectorat de la République. Les produits de ces divers pays devaient plus que tous autres trouver place à l'Exposition des Colonies, afin que le public pût se faire une juste idée de l'importance et de l'utilité de nos nouvelles conquêtes. En outre, la France ne pouvait pas laisser passer sans en profiter l'exemple récent que venait de lui donner l'Angleterre. On se rappelle qu'en 1887 fut organisée à Londres une monumentale Exposition des Colonies anglaises dont le monde s'est accordé à reconnaître la précieuse influence. Dans cette courtoise et pacifique lutte à laquelle semblaient nous convier nos voisins, nous devions prendre rang pour montrer à notre tour, que malgré les revers qui ont à plusieurs reprises fortement amoindri son empire colonial, la France n'avait rien perdu de cette puissance colonisatrice qui la fit l'égale de l'Angleterre et que l'on s'est trop plu dans ces derniers temps à lui dénier. Telles sont les raisons qui ont porté l'Administration à donner à l'Exposition coloniale de 1889 un éclat tout particulier : il n'est pas un Français qui n'y donne son adhésion.

Les plans et devis élaborés par le commissariat de la section des Colonies pourront sans doute subir des modifications de détails, mais nous pouvons dès aujourd'hui donner le plan général de l'Exposition coloniale.

Après entente avec le commissariat général de l'Exposition universelle, il a été affecté à la section des Colonies une superficie de 25,000 mètres sur l'Esplanade des Invalides, à prendre dans le rectangle qui s'étend en largeur, entre la rue de Grenelle, et, en profondeur, entre la rue de Constantine et l'extrémité opposée de l'Esplanade.

Sur cet emplacement serait érigé un palais central des Colonies qui occuperait la partie médiane du rectangle, c'est-à-dire qui serait adossé à la rue de Constantine, en avant des quinconces qui bordent cette voie. Ce palais renfermerait les collections de l'État, les expositions de travaux publics, les envois des écoles coloniales et des administrations pénitentiaires et les travaux géographiques et statistiques.

Autour de ce palais central on élèverait une série de pavillons spéciaux qui seraient la reproduction des constructions les plus caractéristiques des différents pays et constitueraient autant d'expositions partielles, où serait groupé tout ce qui peut donner la physionomie exacte et pittoresque de chacune de nos possessions. Ces constructions spéciales se diviseraient en cinq groupes :

1er groupe. — Possessions de l'Océan indien (Réunion, Mayotte, Nossi-Bé, Madagascar, Inde française). Deux pagodes, une pagode indoue et une pagode d'Ankor, encadrant à droite et à gauche le palais central.

2e groupe. — Antilles (Martinique et Guadeloupe). On avait d'abord eu la pensée d'élever une simple maison créole, représentant une habitation aux Antilles. Ce premier projet a été modifié ou plutôt élargi. Le pavillon des Antilles, entouré d'eau et de verdure et construit d'après le style créole, contiendrait un restaurant et un magasin affecté à la vente des denrées coloniales.

3ᵉ groupe. — Possessions de l'Océanie (Nouvelle-Calédonie, Taïti). Maison de colon concessionnaire commune à la Nouvelle-Calédonie et à la Guyane, cases tahitiennes. De plus, un village canaque entier serait érigé avec des matériaux envoyés par la colonie elle-même : cocotiers, fougères, paille, perches, écorce de niaouli, etc.

4ᵉ groupe. — Possessions d'Afrique. Tour de Saldé (Sénégal) avec des cases sénégaliennes formant village; village pahouin (Gabon); village alfourou (Congo) avec 21 cases habitées.

5ᵉ groupe. — Possessions de l'Indo-Chine. Palais cochinchinois et cambodgien qui occuperait une superficie de 2,000 mètres environ sur la droite et à l'alignement du palais central.

En ce qui concerne les anciens protectorats de l'Annam et du Tonkin, tout récemment placés sous la dépendance de l'Administration des Colonies, leurs expositions ne sont pas encore réglées, mais nous pouvons affirmer qu'elles seront loin de déparer l'ensemble pittoresque que formeront ces diverses constructions.

Le projet prévoit encore une serre, 4 pavillons de dégustation, 3 bazars agricoles, un kiosque de musique, des jardins, pelouses et bassins.

Ajoutons, en terminant, que pour donner plus de vie et de mouvement à cette exhibition exotique, il est question de confier la garde et le service de l'Exposition des Colonies à des détachements de troupes indigènes de nos différentes possessions.

Par l'aperçu forcément restreint que nous venons de donner, on peut se faire une idée de la place toute spéciale que les Colonies occuperont dans la grande Exposition de 1889. Cette place leur était due. Il était juste, en effet, qu'elles vinssent aux jours de gloire de la Mère-Patrie, se grouper autour d'elle, pour revendiquer leur légitime part de son triomphe et montrer le rôle important qu'elles peuvent jouer dans ses grandioses et pacifiques destinées.

Mars 1888.

23.

PLAN GÉNÉRAL DE LA SECTION DES COLONIES A L'EXPOSITION UNIVERSELLE DE 1889.

LES CAMPEMENTS COLONIAUX

A L'ESPLANADE DES INVALIDES

LES CAMPEMENTS COLONIAUX

A L'ESPLANADE DES INVALIDES

Le Village canaque

L'étude des divers campements indigènes qui complètent en ce moment leur installation à l'esplanade des Invalides est trop intéressante, au point de vue des progrès de notre civilisation coloniale, pour que nous ne fassions pas à chacun de ces groupes les honneurs d'une description spéciale.

Il y a là autre chose qu'un spectacle inédit destiné à défrayer un moment la curiosité des promeneurs. Ce qui ressort de ces installations diverses, c'est un enseignement très instructif au point de vue des mœurs, des usages, des industries propres à chacune de ces intéressantes populations qui tendent à s'incorporer très franchement dans les rangs de la nation française.

Le public semble comprendre dès à présent, et il importait qu'il en fût ainsi, que les indigènes de nos nombreuses colonies qui sont venus de leur plein gré prendre part à notre grande exhibition nationale, doivent être considérés par nous comme de fidèles alliés, voire même, pour la plupart, comme de véritables compatriotes, et qu'ils ont droit à tous nos égards et à notre plus cordial accueil.

Nous voulons aujourd'hui entretenir tout d'abord nos lecteurs du village canaque, qui vient d'être ouvert pour la première fois au public, et dont il nous avait été donné de forcer les portes quelques jours auparavant, grâce à la bienveillante complicité de M. Gauharou, secrétaire général de la direction de l'intérieur à Nouméa, et délégué de la colonie à l'Exposition universelle.

M. Gauharou est un homme instruit et un fonctionnaire distingué qui sert la France en Nouvelle-Calédonie depuis près de vingt ans et qui n'a pas peu contribué, nous en sommes convaincus, à faire connaître et aimer notre pays, si l'on en juge par les rapports cordiaux et affectueux qui existent entre lui et les indigènes qui l'ont accompagné à Paris.

Et il est bon de noter que ces sympathiques visiteurs, à la figure ouverte, intelligente, ne sont pas les premiers venus : à des degrés divers ils représentent l'élite de leurs compatriotes ; ils entendent notre langue, la parlent pour la plupart, l'écrivent même plus ou moins bien.

Le premier d'entre eux est Pita, fils de Gelima, un grand chef qui impose là-bas le respect à tous ses voisins et l'estime à tous les colons.

Pita avec sa grande taille et son énergique physionomie, est bien l'homme qui se sent appelé à commander un jour, comme successeur désigné de son père, à une tribu tout entière.

C'est en ami de la France qu'il est venu parmi nous, avec le désir de connaître de plus près nos mœurs locales et notre civilisation, et si une réserve naturelle l'empêche de s'épancher et de laisser deviner l'impression produite sur lui par tout ce qu'il voit, tout ce qu'il entend et tout ce qu'il observe, on peut être certain qu'avec son intelligence supérieure il aura su comprendre et saura redire à ses compatriotes combien est grande et digne d'être aimée cette nation française à laquelle lui et les siens apportent leur concours dévoué.

Ce dévouement ils l'ont poussé quelquefois jusqu'à se battre pour nous, contre les tribus insoumises, et l'on nous citait l'autre jour un fait de ce genre qu'il serait injuste de laisser en oubli. C'était en 1878. Une nuit, le Canaques de Bouloupari se jettent sur le camp des transportés, le détruisent, tuent les colons. Suivis d'une autre tribu rebelle, ils tombent sur un poste de gendarmerie à la Foa et le massacrent.

Le commandant du pénitencier, le lieutenant de vaisseau Servan, réunit alors les chefs des tribus fidèles, parmi lesquels Gelima et son fils Pita qui est en ce moment notre hôte. Ceux-ci consentent à lever tous leurs hommes et à marcher pour la France. Cinq cent cinquante guerriers indigènes traversent la chaîne centrale, n'ayant pour tout Français au milieu d'eux que le commandant Servan.

Pendant plus de trois mois ils tiennent la campagne après avoir rejoint nos troupes. Ils prennent part à tous les engagements, brûlent les villages ennemis, s'emparent d'Attaï, l'un des chefs rebelles et lui tranchent la tête. Le procédé n'était pas tendre, assurément, mais est-ce à nous de nous en plaindre, puisque c'était le seul moyen d'éviter aux nôtres pareil sort. Voilà à quelle race courageuse appartient l'homme qui se tient rêveur et silencieux sur le devant de sa case élevée au milieu du campement par les soins de ses compagnons, avec des matériaux rapportés de leur pays.

Cette case ronde et terminée en dôme est de douze mètres de hauteur. Elle est bâtie autour d'un tronc d'arbre d'un bois incorruptible, le houpe. Les parois de la case sont en écorce et la couverture en paille cousue avec des lianes. Pas un clou n'entre dans la construction.

Indépendamment de la case du chef, qui sert à abriter les hommes, trois autres de plus petite dimension, mais construites suivant les mêmes principes, servent, l'une au réfectoire du campement, l'autre à la cuisine, la troisième au dortoir des femmes; car trois femmes ont accompagné à Paris les sept visiteurs indigènes de la Nouvelle-Calédonie : Any, de l'île Maré (Loyalti); Marie, des Nouvelles-Hébrides, et Peto, de Canala. Elles se sont vêtues à l'européenne, de longues robes de couleur sombre, et tout en vaquant aux travaux du campement, cuisine, blanchissage, etc., elles répondent par un gai sourire aux paroles amicales du Délégué.

Quant aux compagnons de Pita, ils méritent tous une mention spéciale. C'est d'abord Badimoin, qui fut, lui aussi, l'un des héros de la campagne de 1878 et médaillé pour sa belle conduite par le gouvernement

français. Actuellement, instituteur à Canala
il fait la classe à soixante-dix indigènes auxquels il est très capable d'enseigner notre
langue qu'il parle lui-même très couram-
ment. Il est en outre interprète français de
la Nouvelle-Calédonie. C'est un de nos plus
fidèles alliés. Viennent ensuite Kanoupa ;
Koegoé ; Robert, de Maré ; Outalem, des
Nouvelles-Hébrides ; et enfin, le takata,
médecin et quelque peu sorcier qui passe
parmi les siens pour avoir la puissance de
commander au beau temps et à la pluie.

Tels sont les hommes que nous avons vus
ces jours derniers activement occupés à par-
faire leur installation, à entourer de verdure et de gazon chacune de ces cases dont
la voûte hermétiquement close conserve en
plein soleil une douce fraîcheur. Les uns
achevaient leurs clôtures, les autres met-
taient la dernière main à l'ornementation
de leur demeure, au moyen de ces figures
sculptées grossièrement à l'extrémité et
enluminées de couleurs heurtées dont le
cachet est tout particulier. C'est le *tabou*,

que l'on rencontre partout dans la case, sorte de talisman destiné à écarter les influences pernicieuses.

Pourquoi ririons-nous de ce qu'on appelle des superstitions, alors que nos hôtes nous donnent une leçon de bon goût en respectant nos préjugés et en se pliant à nos mœurs?

Peu familiarisés dans leur pays avec l'usage des vêtements, ils ont pensé qu'il convenait de se soumettre aux exigences de notre civilisation, mais trop fiers pour vouloir attirer l'attention publique par des ajustements aux formes étranges et aux couleurs voyantes, vers lesquelles se sentent attirées la plupart des peuplades nouvellement initiées aux usages européens, ils ont adopté tout uniment le vêtement de l'ouvrier français, et c'est ainsi qu'on les voit circuler tout le jour aux abords de leur case. On nous dit pourtant qu'ils viennent de se laisser photographier dans leur *costume* national. C'est assurément par condescendance pour leur entourage européen et non par un sentiment de coquetterie qui semble leur être tout à fait inconnu.

En résumé, ce qui frappe, au milieu de cette petite colonie en miniature, c'est l'attitude à la fois très digne et très simple de ces hommes qui, avec la conscience de ce qu'ils valent, ont le désir très légitime d'être traités par nous comme les représentants d'un peuple ami.

Mai 1889.

Le Sénégal et ses Dépendances.

Le campement sénégalais a clos provisoirement ses portes au public afin de terminer son installation qui sera, sous peu de jours, très complète.

D'ailleurs, à la petite avant-garde composée d'une dizaine d'indigènes qui occupent dès à présent la place, viendront se joindre bientôt une cinquantaine de leurs compatriotes qui doivent débarquer au Havre samedi prochain, avec armes et bagages.

Cette importante députation d'une de nos

grandes colonies africaines sera digne à tous
égards d'attirer l'attention des visiteurs de
l'esplanade des invalides.

Commerçants, cultivateurs, pasteurs de
troupeaux, chacun nous présentera quelques
spécimens intéressants de l'industrie, des
mœurs locales, de la vie commune dans
cette partie de la côte occidentale d'Afrique.
Tout est admirablement aménagé dès aujour-
d'hui pour servir de cadre à ce tableau
vivant, et il est juste d'en rapporter le mérite
et l'honneur à M. Noirot, administrateur
colonial, délégué conjointement avec M. l'a-
miral Vallon pour représenter le Sénégal et
ses dépendances à l'Exposition universelle.

M. Noirot, avant de faire partie de la haute
administration coloniale, a parcouru comme
explorateur, de 1881 à 1883, le Fouta-Djallon et le haut Sénégal. Le pays lui est fami-
lier, les naturels sont pour lui des amis, et
en visitant avec cet intelligent et sympa-
thique fonctionnaire les installations organisées par ses soins à l'esplanade des Invalides,
nous constations cette fois encore avec une

véritable satisfaction patriotique, comme
nous l'avions déjà fait il y a quelques jours
au campement canaque, l'union très cordiale
et très franche qui semble exister entre les
indigènes et ceux qui sont chargés de représenter auprès d'eux l'autorité française.
C'est là de la bonne colonisation, qui consiste à dominer le pays conquis en se faisant
aimer plutôt qu'en se faisant craindre, et ce
n'est pas un des moindres arguments à invoquer en faveur du régime civil, plus propre
par son essence même à la conciliation que
ne peut l'être l'élément militaire, tout naturellement enclin à exiger d'autrui la discipline rigoureuse qu'il s'impose à lui-même.

Quoi qu'il en soit, les indigènes avec lesquels M. Noirot a bien voulu nous mettre en
rapport semblent fort satisfaits de leur sort,
et il n'est pas jusqu'au jeune Amadou, un
citoyen de quatorze mois qui sera l'un des
favoris du public, qui ne prenne ses ébats
en homme libre et ne se sente chez nous en
pays ami.

La visite du campement est assez curieuse

pour que nous voulions en donner à nos lecteurs une courte description.

A l'entrée s'élève la tour de Saldé, repro-
duite aux deux tiers de sa grandeur réelle.
Ce blockhauss fut construit en 1859 au village de Tébékout, sur le fleuve Sénégal, pour
maintenir en respect les populations Toucouleurs. C'est un des plus remarquables
modèles de ce genre de postes que le général
Faidherbe sema un peu partout dans la
colonie pour amener la pacification à laquelle
il a si largement contribué. Pour des bandes
d'assaillants dépourvus d'artillerie, cette
sorte de forteresse est imprenable. C'est
ainsi que la tour de Médine, défendue par
Paul Holl et vingt-cinq hommes, soutint
pendant quatre mois le siège de vingt mille
noirs.

Pour le moment, la reproduction de ce
poste de guerre à l'esplanade sert d'asile
aux travaux de la paix. C'est dans l'intérieur
du blockhauss, divisé en plusieurs salles,
qu'ont été disposés les divers échantillons
de l'industrie sénégalaise et des produits de

son sol, gommes, arachides, instruments de pêche, bois de diverses essences, etc. Une salle est consacrée aux produits d'importation spécialement recherchés au Sénégal, de telle sorte que le commerce européen soit éclairé sur le choix des articles à diriger de préférence sur cette partie de la côte africaine.

En quittant la tour de Saldé, l'on se trouve en présence d'une reproduction, à la moitié de la grandeur réelle, d'un fragment de fortification en usage chez les noirs du Soudan. C'est le *Tata* de Kédougou, ville noire bâtie sur la rive gauche de la haute Gambie, aux confins du Fouta-Djallon et du Bambara. La muraille à angles aigus qui relie ensemble les deux bastions s'étend, à Kédougou, sur une longueur de 700 mètres et est flanquée de vingt-sept bastions ou petites tours semblables aux modèles qui nous sont offerts.

En poursuivant notre route nous trouvons des échantillons des demeures encore en usage dans les diverses tribus :

La case Toucouleur, semblable à celles

24

qui composent le village de Dagana, avec murailles et mobilier en terre sèche et couverture en paille ;

La case ordinaire des Ouolofs, semblable à celles qui se pressent par milliers sur la langue de Barbarie pour former Guet-N'Dar, village des pêcheurs de Saint-Louis ;

La case du Fouta-Djallon, construite en terre sèche avec véranda circulaire, relativement confortable et atteignant quelquefois jusqu'à 8 ou 10 mètres de diamètre et autant de hauteur ;

La case du Cayor, identique à celles que rencontrent les voyageurs en se rendant en chemin de fer de Dakar à Saint-Louis à travers le Cayor ;

La case Bambara, semblable à celles qui forment le village du haut Niger habité naguère par Damas, ancien roi de Kaarta, qui réside actuellement aux environs de Kayes ; sur le seuil de la case une tortue gigantesque digérait paisiblement, au moment de notre visite, son déjeuner du matin ;

La case Toucouleur du Toro, reproduction

aux deux tiers de la base circulaire habitée par le Lamp-Toro (chef du Toro) à Guédée, capitale du pays;

La grande case dite *Coumpan*, en usage chez les Ouolofs de Saint-Louis, garnie de meubles à l'européenne fabriqués par les noirs. Ce genre de case est habité par les indigènes aisés n'ayant pas encore le moyen de se construire une maison en maçonnerie. Son prix varie de 500 à 600 francs.

A ces divers modèles d'habitations, disséminés sur le vaste terrain consacré au campement sénégalais, se mêlent d'autres installations volantes telles que :

Une tente habitée par les gens de qualité chez les Maures Trarza, peuplade vivant sur la rive droite du Sénégal, dans le Sahara méridional;

Une tente servant aux captifs des Maures, fabriquée ordinairement avec de vieux vêtements en cotonnade bleue dite *guinée*;

Et enfin la propre tente de voyage de M. Noirot, qui lui servira, ainsi qu'à l'amiral Vallon, de lieu de retraite et de cabinet de travail pendant la durée de l'Exposition.

A côté de ces spécimens encore très primitifs de l'installation humaine au Soudan, on est frappé de voir, sous une tente toute moderne celle-là, un des produits les plus perfectionnés de notre science industrielle : c'est une voiture-téléphone, sorte de charriot très portatif, contenant, enroulés sur des cylindres, 15 kilomètres de fils téléphoniques. Une voiture analogue, en ce moment en construction, permettra de communiquer à 40 kilomètres de distance.

Au milieu du campement et non loin l'une de l'autre se trouvent deux installations dont on a peine tout d'abord à s'expliquer l'usage.

Ici c'est le *Bar* des Ouolofs, sorte de banc en terre sèche abrité sous un auvent en paille, lieu où se réunissent les notables du village pour traiter les affaires publiques ; c'est un hôtel de ville ou un palais Bourbon très primitif dans lequel M. Noirot, qui ne veut rien laisser perdre de l'emplacement dont il dispose, a installé provisoirement l'atelier du forgeron. Signalons en passant l'étrange soufflet dont se sert ce dernier pour activer son feu.

A côté, c'est la mosqué ou oratoire privé, que l'on rencontre dans toutes les cours des musulmans aisés, construite soit en terre sèche soit en paille. Celle que nous avons sous les yeux, sorte d'enceinte qui n'a guère plus d'un mètre de hauteur, est la reproduction d'une mosquée située à Dagana.

Aux confins du campement sont placés çà et là :

Le parc à bestiaux qui contiendra 1 cheval, 2 chameaux, 12 moutons et chèvres, 10 bœufs et vaches;

Le gourbi des peulhs (pasteurs);

Le poulailler, la fontaine-lavoir, l'atelier du tisserand, le grenier à mil, le *bembal-soulourou*, haut-fourneau des forgerons du Fouta-Djallon, pays riche en minerai de fer;

Puis un champ de maïs où le gardien de *lougau* (champ de culture), abrité dans son poste perché sur quatre piquets, a sous la

24.

main et agite de temps à autre le *tourleul*, épouvantail à oiseaux d'une simplicité fort ingénieuse.

Avant de quitter le campement, nous devons une visite à l'un de ses notables habitants, Samba-Laobé, l'habile artisan qui fabrique sur place et offrira au public de très élégants bijoux en filigrane d'or et d'argent.

Samba-Laobé est un commerçant *arrivé*, jouissant dans son pays d'une situation très prospère et qui semble très satisfait, quoi qu'en aient pu dire quelques-uns de nos confrères, de se trouver au milieu de nous. Le large sourire qui découvre les dents blanches et éclaire l'intelligente physionomie de ce noir *fashionable* est la meilleure preuve de son contentement et de sa belle humeur.

Un amour propre national, fort légitime, a pu faire dire à cet indigène très civilisé que son pays n'est pas aussi arriéré que pourraient le faire croire ces spécimens d'habitations primitives; qu'il y a au Sénégal des casernes, des gares, des chemins de fer. Cela ne fait de doute pour personne et il y a maintenant un peu de tout cela dans les coins les plus reculés du globe terrestre; mais ce n'est pas là ce qu'il importait de mettre sous les yeux des visiteurs curieux d'étudier à fond notre monde colonial. Il fallait leur montrer quelles sont encore à l'heure actuelle les mœurs et les usages en vigueur sur la plus grande étendue de cette terre devenue française. Nous croyons que le campement de l'esplanade des Invalides en donne l'idée la plus complète qu'on pût désirer; nous ajoutons que Samba-Laobé n'a aucune crainte d'être pris pour un sauvage, et lorsqu'on s'approchera de son atelier en plein vent il sera loin de se plaindre de cette invasion de curieux qui se transformeront facilement en clients.

Tous ces indigènes, d'ailleurs, ceux-là même qui sont moins frottés de civilisation que ce notable commerçant, semblent très disposés à s'assimiler nos usages, notre langue, notre manière d'être, et si vous apportez à notre jeune ami Amadou le jouet le plus modeste (le plus bruyant sera le mieux accueilli) vous verrez sa mère vous remercier d'une inclinaison de tête tout à la fois très digne et très courtoise, que ne désavouerait pas une de nos élégantes Parisiennes.

Sortons du campement sénégalais par la porte de Koundian, qui réveille notre chauvinisme en rappelant un récent et glorieux fait d'armes de notre corps d'occupation.

La forteresse de Koundian, enclavée dans le territoire français, mais restée la possession du roi de Ségou, inquiétait et entravait depuis longtemps le commerce de nos nationaux et était devenue pour eux une menace permanente. M. le commandant d'artillerie de marine Archinard, commandant supérieur du Soudan français, estimant qu'une action était devenue nécessaire, décidait il y a trois mois l'attaque de cet ouvrage qu'il enlevait bientôt après, non sans rencontrer une vive résistance de la part des Toucouleurs qui s'y était retranchés. Cette mesure assurait définitivement la sécurité commerciale de cette région.

Les portes de la forteresse en bois très épais de Kaïcedra, traversées par nos boulets et envoyées comme trophée à Paris, figurent aujourd'hui à l'esplanades des Invalides. Elles servent de clôture à notre campement colonial.

Juin 1889.

Gabon-Congo

La vue de Paris, des splendeurs qu'il offre, à chaque pas, aux yeux étonnés des braves populations indigènes venues de nos lointaines colonies pour prendre part à l'Exposition universelle, aurait-elle eu pour effet de chatouiller leur amour-propre colonial et de leur faire renier la simplicité de leurs mœurs, la rusticité de leurs demeures? Tel serait le résultat imprévu de leur visite, s'il fallait en croire ceux de nos confrères qui, après avoir *interviewé* quelqu'un de ces colons, viennent nous dire que tel ou tel campement n'est qu'une mauvaise parodie de la vie coloniale, que les indigènes rougiraient d'habiter là-bas les cases dont nous voyons les échantillons à l'esplanade des Invalides.

Un reporter, entres autres, affamé de copie, confiait tout récemment à ses lecteurs ce que nous pourrions appeler les *lamentations d'un Pahouin*.

Le Pahouin en question avait, paraît-il, déclaré audit reporter qu'il se trouvait fort mal logé, que jamais dans son pays on n'avait campé dans de semblables huttes, que d'ailleurs il s'ennuyait fort à Paris, qu'on n'y faisait rien pour le distraire, etc... On voit d'ici tout ce que peuvent se dire en pareil cas un reporter et un Pahouin qui ont la chance de pouvoir se comprendre. Un des grands griefs de celui-ci était, croyons-nous, de n'être pas encore allé à l'Opéra. Pourquoi nous faut-il réduire à néant cette plaintive légende, en faisant à nos lecteurs un aveu bien cruel... C'est qu'il n'y a pas de Pahouin à l'esplanade des Invalides!

Il y a bien dans le groupe du Gabon-Congo

un fragment de village pahouin absolument authentique, puisque les cases très primitives dont il se compose ont été apportées du pays même, pièces par pièces, et remontées telles quelles sur le terrain de l'exposition par les Adoumas qui les habitent actuellement; mais ces neuf indigènes d'une autre tribu gabonaise remplacent les Pahouins qu'il est fort difficile de déplacer à cause des guerres de village à village qu'ils se font continuellement, chaque chef voulant naturellement conserver tous ses hommes valides. C'est pour cette raison que l'on a désigné pour l'Exposition coloniale deux délégations d'Adoumas et d'Okandais, pagayeurs du Congo français, depuis plusieurs années déjà au service de l'administration.

Les délégués du Gabon-Congo à l'Exposition, MM. Avinenc, conducteur des ponts et chaussées, et Péan, administrateur colonial, ont choisi eux-mêmes ces hommes qu'ils connaissent, dont ils apprécient et aiment à faire valoir l'intelligence et le dévouemen‍ et auxquels ils s'efforcent de faire la vie fort

douce pendant leur séjour au milieu de nous.
M. Péan, avec qui nous visitions hier le
campement et qui habite depuis plusieurs
années le Gabon, nous racontait gaiement
les excursions qu'il fait avec ses noirs à travers Paris, et à voir la bonne entente qui
existe entre administrateur et indigènes, on
a peine à prendre au sérieux la soi-disant
plainte du Pahouin imaginaire.

N'était l'impression de tristesse bien naturelle et tout à leur éloge que leur a laissée
pendant quelques jours la perte d'un des
leurs, mort à l'hôpital Necker peu de temps
après son arrivée, rien n'aurait troublé la
satisfaction qu'éprouvent nos Gabonais de
se trouver à Paris où ils sont très amicalement reçus, comme ils méritent de l'être,
d'après le témoignage de leurs délégués.

Les Adoumas sont d'un caractère très
doux et leurs rapports avec nous out toujours
été des plus faciles. Les Okandais, plus
grands et plus forts, ayant aussi l'intelligence plus vive, sont, paraît-il, plus difficiles
à manier, mais ils nous rendent néanmoins

d'excellents services. Les uns comme les autres nous ont souvent donné des preuves de courage et de dévouement, et parmi ceux qui campent à l'esplanade on nous a signalé N'Djouké et le chef de pirogue Mamouaka, deux Adoumas qui ont sauvé la vie, sous le feu de l'ennemi, à M. Dolisie, chef d'exploration, qui, blessé dans une embuscade, allait être entraîné par le courant du fleuve. Un de nos visiteurs Okandais, Ogoulamba, a également sauvé le docteur Ballay, depuis lieutenant-gouverneur du Gabon, qui se noyait après avoir chaviré dans un rapide. Ce sont de ces souvenirs qu'il est bon de rappeler afin que le public sache bien que nos hôtes sont de bons et braves compagnons qui méritent toute notre sympathie.

Les Adoumas sont très habiles dans la confection des nattes. Ils font aussi une étoffe spéciale, genre rabane, avec laquelle ils s'habillent pour leurs corvées et confectionnent des moustiquaires absolument impénétrables aux plus petits insectes si abondants sur les bords des rivières de l'intérieur.

25

Un métier a été installé par eux dans le village pahouin, et quand l'affluence des visiteurs n'est pas trop grande, ils offrent aux privilégiés de petites pièces d'étoffe qu'ils viennent de tisser sous leurs yeux.

Non loin du village pahouin et dans ce même groupe du Gabon-Congo s'élève un village de Loango, construit et habité par deux indigènes de cette tribu et par neuf Okandais. Les cases des Loangos, comme celles du village pahouin sont absolument authentiques. Demeures et clôtures sont construites avec des feuilles et des tiges de palmiers. Chaque chef de village possède, pour ainsi dire en magasin et démontées par cloisons et toitures, un certain nombre de ces cases que l'on dresse instantanément pour les hôtes de passage. Celles qui figurent à l'Exposition ont été achetées au Loango par M. Avinenc, qui les a transportées en France. Elles témoignent d'un certain goût de confortable que sont bien loin d'atteindre celles des populations de l'intérieur dont le village pahouin donne l'image absolument exacte.

Les Okandais n'ont pas d'industrie spéciale, mais ils sont de très bons pagayeurs et ils rendent, à ce point de vue, des services utiles à notre colonie du Gabon.

Le séjour de Paris a développé, paraît-il, chez ceux qui habitent l'esplanade, des goûts de luxe et de coquetterie. Toute leur solde et les petites ressources dont ils disposent passent en achats d'étoffes, d'ornements ou de parfumerie.

Quant aux deux Loangos installés au village de l'esplanade, ils représentent l'élément industrieux.

Ce sont des sculpteurs d'ivoire.

L'industrie de l'ivoire est fort répandue au Loango, les hommes de cette province sont certainement, de tous les habitants du Gabon, ceux qui semblent le plus aptes à apprécier notre civilisation.

Ce sont les meilleurs serviteurs de la colonie, le même homme étant, au choix de celui qui l'emploie, cuisinier, blanchisseur,

tailleur et très souvent sculpteur. Chaque
factorerie possède un ou deux sculpteurs à
l'année. C'est leur travail très finement terminé et agencé avec beaucoup de goût qui
se trouve chez nos marchands de curiosité
parisiens et rencontrent beaucoup d'ama-
teurs.

Le sculpteur installé dans le village loango
de l'esplanade des Invalides avec son jeune
frère, travaille chaque jour sous les yeux du
public qui semble beaucoup s'intéresser aux
détails de cette industrie.

Malgré ce goût prononcé pour les travaux
artistiques, l'indigène du Loango est très
robuste et se rend utile dans les caravanes
comme porteur ou pagayeur.

C'est aussi dans cette tribu que se recru-
tent les coureurs chargés de porter les correspondances de station en station tout le
long de la côte.

Ce service postal tout primitif qu'il soit
est très ingénieux. Le coureur part, porteur
de la correspondance soigneusement ficelée
et cachetée, et muni d'un pavillon français

qui lui assure partout où il passe, village indigène ou factorerie, le vivre et le couvert. Des relais sont établis ainsi sur tout le parcours et l'administration indemnise plus tard très largement les indigènes qui ont bien accueilli le courrier.

De là aux tubes pneumatiques qui sillonnent Paris il y a encore quelque distance; mais les coureurs loangos doivent trouver partout bon visage lorsqu'ils apportent à ceux qui sont au loin les nouvelles de la mère patrie.

Juin 1889.

LES PALAIS COLONIAUX

A L'ESPLANADE DES INVALIDES

LES PALAIS COLONIAUX

A L'ESPLANADE DES INVALIDES

Palais central — Cochinchine
Annam et Tonkin — Pagode d'Angkor

Nos visites successives aux campements coloniaux nous ont fait apprécier le caractère, les mœurs, la manière de vivre des populations indigènes qui ont envoyé des délégations à l'Exposition universelle. On peut faire ainsi, en plein Paris, une sorte de voyage autour du monde et relever, au point de vue ethnographique, de très curieuses observations.

Mais sous le rapport commercial, industriel et agricole, la visite des palais coloniaux offre un intérêt d'un autre genre, qu'il importe également de signaler. Grâce à l'organisation de la section coloniale, très intelligemment comprise, on trouve, dans les divers pavillons groupés au milieu de l'esplanade, des échantillons de toutes les matières premières et de tous les produits fournis par nos possessions coloniales.

Notre but n'est pas d'en donner ici le catalogue, mais de suggérer à nos lecteurs le désir de visiter en détail ces riches et innombrables collections. Ils y trouveront la meilleure réponse qui puisse être faite à ceux qui, de bonne foi ou de parti pris, se plaisent à contester les avantages et les profits de notre colonisation.

Toutes nos colonies n'étaient pas assez importantes ou assez bien dotées pour se donner le luxe d'un pavillon ou même d'un campement spécial, mais toutes voulaient faire figurer à l'Exposition des spécimens de ce qu'elles peuvent produire; c'est en grande partie pour abriter l'ensemble de ces échantillons qu'a été conçu le plan du

PALAIS CENTRAL.

Ce bâtiment, dont la couleur locale, absolument authentique, frappe tout d'abord les visiteurs de l'esplanade des Invalides, résume avec un grand bonheur d'exécution le style asiatique que l'architecte, M. Sauvaistre, avait mission de condenser, en quelque sorte, dans ce spécimen de construction exotique. Les couleurs vives et heurtées de la façade et du dôme, qui seraient choquantes partout ailleurs, sont bien à leur place sur cet édifice dont le perron est gardé par des tirailleurs annamites ayant sous les armes une tenue irréprochable.

L'illusion est déjà complète et elle redouble cependant d'intensité lorsqu'en pénétrant dans la grande salle centrale du rez-de-chaussée on se trouve en face d'un groupe colossal de Bouddhas abrité par des bambous et des palmiers gigantesques.

Autour de ce groupe s'étalent dans des vitrines les armes, les bois sculptés et incrustés, les laques, les riches étoffes, les meubles originaux, tous ces chefs-d'œuvre de goût asiatique dont nous ne rencontrons habituellement dans les magasins parisiens qu'une très médiocre imitation. Nos colonies ont

voulu nous éblouir et elles ont admirablement réussi. D'un côté, ce sont les produits
de l'Inde française, les envois de Pondichéry,
de Chandernagor, de Karikal, de Mahé. Plus
loin, la Nouvelle-Calédonie, puis Madagascar
et ses dépendances, Mayotte, Nossi-Bé, Diégo-
Suarez, puis l'île de la Réunion.

Dans la galerie opposée, nous nous arrê-
tons longuement aux diverses expositions de
Saint-Pierre et Miquelon, de la Guyane française, des Antilles, du Sénégal, du Gabon,
offrant à nos yeux tous les produits de leur
sol ou de leur industrie, depuis les essences
de bois les plus diverses, les céréales, les
textiles, jusqu'aux riches tissus, aux objets
précieux et aux bijoux artistiques.

Au premier étage, de vastes galeries correspondant aux dispositions du rez-de-chaussée contiennent encore de nouveaux échantillons, des collections particulières, des tro-
phées, des vues photographiques, des cartes,
des tableaux, et dans un coin abrité de la
foule et du bruit, une précieuse salle de travail avec une bibliothèque contenant les di-

verses publications intéressant les colonies.

Le palais central peut à lui seul occuper pendant de longues et fructueuses séances les visiteurs français et étrangers pour lesquels les questions coloniales ne sont pas seulement l'objet d'une curiosité passagère, mais un sujet sérieux d'étude et de comparaison.

Notre amour-propre national et notre commerce ont tout à gagner à ce que cette étude soit faite sérieusement par les hommes compétents de tous les pays, car il en ressortira cette conclusion, que nous avons beauconp fait depuis quelque temps pour le développement de notre richesse coloniale et que nous sommes à ce point de vue dans une très heureuse période de transformation.

A droite du palais central, quand on regarde sa façade, s'élève le

PALAIS DE LA COCHINCHINE.

Très différent de son grand voisin, comme caractère architectural, cet édifice, construit

par l'éminent architecte, M. Foulhoux, est
aussi remarquable par l'observation rigoureuse de la couleur locale. C'est de l'annamite le plus pur, avec une simplicité de char-
pente qui est le propre des constructions de
ce pays, car toutes les pièces qui composent
cet ensemble remarquable sont venues de
Saïgon ou des environs. C'est à Cholon, près
Saïgon, qu'a été exécutée la crête en faïence
surmontant la partie centrale du palais, et,
enfin, ce sont vingt artistes annamites, choisis
parmi les plus habiles, qui se sont chargés
de la peinture décorative. Là comme partout
ailleurs, comme dans le plus modeste des
campements coloniaux, on a tenu à s'abstenir
de toute fantaisie et de tout pastiche, et les
Annamites ont apporté avec leurs couleurs
spéciales l'art qu'ils possèdent seuls d'en
composer un ensemble harmonieux, de même
que les Canaques ont apporté leurs tabous
grossièrement scupltés et le fétiche bizarre
qui surmonte la case de leur grand chef.

Dans le palais de la Cochinchine sont
exposés également tous les produits de l'in-

dustrie locale, tels que meubles, bronzes, costumes, soieries, bois laqués, incrustations, etc., puis les productions du sol, riz, fécules, fruits, tabac, arachides, café, indigo, miel, etc. Cette nomenclature sommaire n'a d'autre but que de faire voir quelle diversité d'objets sont exposés dans les salles de ce palais et dans ses dépendances.

Nous retrouvons une exhibition analogue dans le

PALAIS DE L'ANNAM ET DU TONKIN.

qui s'élève à gauche du palais central. Comme celui de la Cochinchine, cet édifice est l'œuvre très réussie d'artistes indigènes qui y ont imprimé leur cachet absolument original. Nous voudrions nous étendre longuement. On retrouve là, dans tous les objets exposés, des témoignages frappants de l'intelligence et des qualités laborieuses propres à cette population annamite qui a pris possession de l'esplanade des Invalides et semble s'y trouver très heureuse après s'y être si facilement acclimatée. Ces hôtes sympathiques semblent faire déjà très bon ménage avec la population parisienne.

Nous avons voulu nous borner à signaler les merveilleuses collections auprès desquelles le public trop pressé passe souvent sans se douter de tout ce qu'il néglige d'admirer. A ce titre nous serions nous-mêmes coupables d'une impardonnable omission si nous ne donnions pas encore une mention spéciale aux collections renfermées dans

LA PAGODE D'ANGKOR.

Cette reproduction très intéressante d'un fragment du fameux temple d'Angkor-Wât, un des monuments religieux qui ont résisté assure-t-on depuis plus de dix-huit cents ans à l'outrage du temps, est une des curiosités les plus frappantes de l'Exposition coloniale.

Si le Champ de Mars a son géant de fer qui domine du haut de ses trois cents mètres des millions d'admirateurs, l'esplanade des Invalides peut se glorifier de montrer à ses visiteurs ce souvenir d'un temple dix-huit fois centenaire qui, reconstitué tel qu'il était à l'origine, couvrirait à lui seul la superficie totale du Champ de Mars.

Juillet 1889.

TABLE DES MATIÈRES

TABLE DES MATIÈRES

27

Paris. — Imp. A. Lanier et ses Fils, 14, rue Séguier.

EN VENTE : 38, Rue Saint-Georges, PARIS

ANNUAIRE COLONIAL *(autorisé par décision du Sous-Secrétaire d'Etat des colonies en date du 8 janvier 1887).* — **1887, 1888, 1889.**

L'**Annuaire** contient les noms de tous les Fonctionnaires et Agents servant à un titre quelconque dans nos diverses possessions d'Outre-Mer.

Il intéresse, par conséquent, tout le personnel des Administrations coloniales suivantes :

Direction de l'Intérieur. — Magistrature. — Instruction publique. — Cultes. — Commissariat. — Troupes indigènes. — Administrations pénitentiaires. — Enregistrement et Domaines. — Contributions directes. — Douanes. — Ports et Rades. — Marines locales. — Travaux publics. — Postes et Télégraphes. — Immigration. — Cadastre. — Mines. — Police. — Vétérinaires. — Poids et Mesures. — Forêts. — Contributions indirectes. — Trésoriers.

Il contient :

Les Lois, Décrets, Arrêtés, Circulaires, etc , etc., applicables au Personnel en service aux Colonies.

Prix : **5** francs.

ANNUAIRE COLONIAL, AGRICOLE, COMMERCIAL et IN-DUSTRIEL *(autorisé par décision du Sous-Secrétaire d'Etat des Colonies en date du 16 juin 1887).* — **1887, 1888, 1889.**

L'**Annuaire** contient :

Une Notice Géographique, Commerciale, Agricole, Industrielle et Minière sur chaque Colonie.

La Composition des Administrations locales. — Des Chambres de Commerce. — Les Noms et Adresses des Négociants, Industriels, Agriculteurs de toutes les Colonies.

Les Lois. — Décrets. — Règlements. — Circulaires ministérielles intéressant la Marine marchande, le Commerce, l'Industrie et les Mines de nos Colonies.

Les Tarifs de toutes les Taxes douanières, Droits d'Importation, d'Exportation et d'Octroi de mer en vigueur dans nos Colonies au 1er Janvier de chaque année.

Mode d'expédition des correspondances (par Postes ou Télégraphes) à destination des Colonies.

Moyens de communication et prix de passage.

Prix : **5** francs.

ANNUAIRE DES COMMERÇANTS ET INDUSTRIELS FRANÇAIS RESIDANT A L'ETRANGER *(autorisé par décision de M. le Ministre du Commerce, de l'Industrie et des Colonies en date du 1er décembre 1888).* — **1889.**

L'**Annuaire** contient :

La liste alphabétique des Commerçants et Industriels français résidant à l'étranger ; 1° Par profession ; 2° Par pays et par professions :

Les Chambres de commerce françaises résidant à l'étranger avec la composition de leur bureau.

Après chaque pays, les taxes douanières de toute nature frappant à l'importation les marchandises françaises, de telle sorte que nos exportateurs, fabricants, commerçants, industriels, sachent à quelles conditions ils peuvent offrir leurs marchandises ;

Les renseignements de toutes sortes de nature à intéresser la fabrication nationale

Prix : **10** francs.

ANNUAIRE DES SYNDICATS AGRICOLES *(autorisé par décision de M. le Ministre de l'Agriculture en date du 2 février 1889).* — **1889.**

L'**Annuaire** contient :

La liste complète de tous les Syndicats professionnels établis en France et en Algérie avec l'indication des présidents, secrétaires et trésoriers de ces Syndicats, du nombre de leurs membres, de leurs opérations antérieures et du type de statuts qu'ils ont adopté, tous renseignements indispensables aux commerçants appelés à entrer en relation avec ces associations.

Les documents législatifs, juridiques, scientifiques et pratiques nécessaires aux personnes appelées à diriger des syndicats agricoles.

Les tarifs de transport des produits agricoles sur toutes les lignes de chemins de fer (avec barème à l'appui), les tarifs d'octroi des principales villes.

Prix : **7** francs.

Paris — Imp. A. Lanier et ses Fils, 14, rue Séguier.

www.ingramcontent.com/pod-product-compliance
Lightning Source LLC
Chambersburg PA
CBHW050552270326
41926CB00012B/2015